Manyōshū.

Eine kritisch-ästhetische Studie

von

T. Okasaki.

Leipzig,
Verlag von Duncker & Humblot.
1898.

Pierer'sche Hofbuchdruckerei Stephan Geibel & Co. in Altenburg.

Seinem väterlichen Freunde

Dr. Georg Dieck

gewidmet

vom Verfasser.

Vorrede.

Seit meiner frühsten Jugendzeit hatte ich grofse Vorliebe für die schöne Litteratur und bemühte mich, japanische wie chinesische Gedichte zu machen. Besonders vertiefte ich mich in die alten japanischen und chinesischen Gedichtsammlungen, die unter den Namen Manyōshū, Kokinshū, Shikyō (chinesische Lesart: Shi-king), Hakushibunshū (chinesische Lesart: Peh-ti-wen-tsih) u. s. w. bekannt sind.

Unter den genannten erschien mir Manyōshū von jeher als das am schwersten verständliche Werk und zog mich schon darum am meisten an. Zunächst war ich freilich noch viel zu jung und unerfahren, um die Tiefen dieses Werkes erforschen und seine Rätsel lösen zu können; es erschien mir hinsichtlich des Inhalts zu einfach und zu wenig ästhetisch schön, auch in der Form nicht glatt und wohlklingend genug, so dafs ich nicht recht begriff, wie so zahlreiche Gelehrte und berühmte Schriftsteller seit 800 Jahren gerade dieses für ihren kostbarsten Schatz halten konnten. Es schien mir damals so hohen Lobes nicht wert und entsprach meiner Geschmacksrichtung sehr wenig und doch mufste auch ich ihm später den Siegespreis geben und ihm meine warme Zuneigung zuwenden.

Diesen Umschwung meiner Anschauungen bewirkte mein späteres eingehendes Studium philosophischer und theologischer Werke, welches meinen Gesichtskreis erweiterte, meine Fassungskraft stärkte und meinen Ideenreichtum vermehrte. Jetzt weifs ich, dafs ein ungeschulter Geist Manyōshū gar nicht verstehen kann, ebensowenig, wie ein im Denken ungeübtes Kind mathematische Beweise zu erfassen vermöchte.

Wer also das Manyōshū mit Nutzen lesen und richtig verstehen lernen will, der muſs vorher nicht nur die alte japanische Sprache und Geschichte, sondern auch die chinesische Litteratur und den Buddhismus studiert haben. Wer aber das Werk kritisieren will, der muſs auch in der Ästhetik und Ethik gründlich bewandert sein.

Ich will nun nicht behaupten, daſs ich selbst diesen von mir gestellten Anforderungen voll genügen kann, wohl aber getraue ich mir zu behaupten, ein besseres Verständnis und klareres Urteil über Manyōshu zu haben als viele Andere, die nicht für nötig hielten, die Vorstudien zu machen, welche ich selbst gemacht habe.

Inhaltsverzeichnis.

		Seite
I.	Einleitung	1
II.	Der Zusammensteller des Manyōshū	3
III.	Textgeschichte	5
IV.	Worin besteht nun der Wert des Manyōshū?	10
V.	Die philologischen Erscheinungen im Manyōshū	23
VI.	Die geschichtlichen Erscheinungen im Manyōshū	26
VII.	Geographisches im Manyōshū	28
VIII.	Die Hinweise des Manyōshū auf Mode und Sitten	31
	1. Die Form des Haares	32
	2. Die Kleidung	32
	3. Hausrat und Schmuck	33
	4. Die gesellschaftlichen Beziehungen	34
	5. Familie	35
IX.	Überblick über die Gedichte	35
X.	Azumavolk und Azumagedichte	53
XI.	Die Zeitströmungen im Manyōshū im Vergleich zur Neuzeit	58
XII.	Schlufs	66

I.
Einleitung.

Seitdem in alter Zeit, zahlreich wie die Bäche, welche die Ströme speisen, die milderen und feineren Anschauungen fremder Civilisation in Japan eingedrungen waren, zeigten sich natürlich bald grofse Veränderungen und Verbesserungen auf geistigem wie materiellem Gebiete. Die ursprünglichen, einfachen Ideen und Ideale der Japaner änderten sich sowohl in politischer, als auch in theologisch-philosophischer, litterarischer und socialer Beziehung sehr erheblich. In politischer Hinsicht regierte früher jedes Familienhaupt seine Familie und seine Hörigen in Stadt und Dorf als „Patriarch", während der Kaiser wiederum diese Familienhäupter regierte. In der sogenannten Manyōshū-Zeit trat aber eine Centralisation der Gewalt ein und der Kaiser regierte nunmehr das ganze Volk. Im Rechtswesen wurde damals zuerst ein geschriebenes, positives Recht geschaffen, während früher oft genug Gewalt vor Recht ging. Das Erziehungswesen, welches sich früher auf Hausunterricht beschränkte, wurde dahin ausgebaut, dafs an vielen Orten Erziehungsanstalten, in jeder Provinz eine höhere Schule und in der Hauptstadt eine Universität gegründet, Lehrer jeden Grades angestellt und gute Erziehungsbücher eingeführt wurden. Man studierte Geschichte, Ethik, Recht, Mathematik, Musik, wenn auch nicht in strengem Sinne und auch über Medizin, Astronomie und Militärwissenschaft gab es schon Publikationen. Im Anfang des achten Jahrhunderts erschienen bereits berühmte oder doch brauchbare Geschichtswerke, wie Kojiki und Nihonshoki (oder Nihongi), dagegen gab es bis 758 n. Chr. noch keinerlei Sammelwerke über japanische Volkspoesie.

Gedichtet hatte man in Japan schon vor etwa 3000 Jahren, aber das Manyōshū, die erste grofse Gedichtsammlung, ist doch erst sehr viel später entstanden, als die Zeitströmung die Dichter geradezu zwang, eine solche Sammlung zu veranstalten und niederzuschreiben. Durch das Eindringen höherer Civilisation wuchs eben die Zahl der Gedichte aufserordentlich, ihr Inhalt wurde schöner, erhabener, die Form auch künstlerischer. Deshalb konnte man sich nicht länger darauf beschränken, diese Gedichte nur von Mund zu Mund zu übermitteln. Vielleicht fühlte man sich veranlafst, es dem in Japan hochangesehenen, gröfsten Philosophen Chinas, Kōshi (lateinisch = Confucius) nachzuthun, der selbst vorher die chinesische Gedichtsammlung, Shikyō herausgegeben hatte. Einige Gelehrte nannten das Manyōshū geradezu das „Shikyō" Japans.

Wenn man die zahlreichen schönen Lieder, welche von altersher bis zum achten Jahrhundert gedichtet wurden, liest, möchte man freilich meinen, dafs es schon weit früher sehr erwünscht gewesen wäre, dieselben zu sammeln. Die Gründe, welche dies verhindert haben dürften, sind wohl die folgenden:

1. Die alten Japaner hatten mehr Geschmack am Kriegswesen, als an der Litteratur, denn ihre Vorfahren hatten das Land mit Blut und Eisen unterworfen und in Ordnung gehalten und diese kriegerischen Neigungen erbten sich fort von Generation zu Generation. Wer aber das ästhetische Bedürfnis fühlte zu dichten, dem flossen die poetischen Gedanken von den Lippen, ohne dafs es der Feder oder des Pinsels bedurft hätte, um sie festzulegen und das, was sich nicht im Volksmunde selbst fortpflanzte, hielt man wohl auch der Niederschrift nicht für wert.

2. In Japan gab es vor 800 Jahren noch gar keine eignen und handlichen Schriftzeichen, sondern man half sich mit eingeführten chinesischen Zeichen, die noch nicht so schnell dem japanischen Bedürfnisse angepafst werden konnten, um die alte japanische, von der chinesischen so sehr verschiedene Sprache, mit diesen Zeichen ohne grofse Schwierigkeiten zu Papier bringen zu können.

3. Die alten japanischen Gedichte sind meist epigrammatisch kurz, also dem Gedächtnisse leicht einzuprägen, zumal damals auch noch keinerlei Unterschied bestand zwischen Gedichtsprache und Umgangssprache.

Diese drei Ursachen verzögerten das Erscheinen einer geschriebenen Gedichtsammlung lange Zeit, bis das Bedürfnis danach sich immer lebhafter herausstellte und unter Überwindung aller Hindernisse in Manyōshū glänzend als Sieger hervortrat.

Das Manyōshū enthält 4515 Gedichte und unter diesen nur 268 längere Arbeiten. Das kürzeste enthält nur 31 Silben in 5 Versen und das längste 151 Verse (Verfasser Hitomaro). Das nachweislich älteste Gedicht ist das der Kaiserin Jwahime, welche im Anfang des vierten Jahrhunderts lebte, und das neueste von Yakamochi, welcher es am 1. Januar 759 n. Chr. dichtete.

Aus der Zeit vor der Kaiserin Jomeï (gekrönt im Jahre 629 n. Chr.) entstammt die Minderzahl, die grofse Mehrzahl aus der Zeit von 629—758 n. Chr. Die lyrische Poesie überwiegt, während die epische sehr selten ist.

Die Dichter und Dichterinnen gehören allen nur möglichen Ständen an. Kaiser und Kaiserinnen, Prinzen, Prinzessinnen, Minister, Botschafter, Sekretäre, Richter, Bürgermeister, Soldaten, Ärzte, Historiker, Musiker, Giefser, Bauern, Bäuerinnen, Arbeiter, Sängerinnen, Philosophen, Buddhisten und Shintoisten beiderlei Geschlechts haben ihr Scherflein beigetragen und gerade deshalb giebt das Manyōshū ein Bild von dem Seelen- und Kulturleben des Volkes, wie es so treu kaum zum zweitenmal in der Welt sich finden dürfte.

II.
Der Zusammensteller des Manyōshū.

Das Manyōshū ist die erste japanische Gedichtsammlung und ihr Zusammensteller ist noch nicht mit Sicherheit nachgewiesen. Vom Altertum bis zur Jetztzeit sind die Meinungen darüber geteilt.

1. Im Eïkwa-monogatari wird gesagt: Die Kaiserin-Kōken hat im Jahre 753 n. Chr. dem Dichter Moroe (702—757) und anderen befohlen, das Manyōshū zusammenzustellen.

Dieser Bericht ist unter den alten japanischen Büchern der erste über die Zusammenstellung des Manyōshū.

2. Shunzeï und Sengaku haben gesagt, dafs die Zusammenstellung nicht auf Befehl der Kaiserin Kōken erfolgte, sondern dafs das Werk zur Zeit der Regierung des Kaisers Shōmu zusammengestellt wurde.

3. Die Dichter Kiyosuke und Teïka sagen, dafs die Dichter Moroe und Yakamochi (bis 785) die Zusammensteller waren.

4. Dagegen behauptet der buddhistische Priester (Bonze) Keïchū, dafs der Dichter Yakamochi der alleinige Zusammensteller desselben gewesen sei.

Ich werde nun im nachstehenden diese Überlieferungen prüfen.

I. Der erste Satz ist falsch und grundlos. Es giebt gar keine solche Behauptung in den alten japanischen, geschichtlichen Werken. Wenn das Manyōshū im Jahre 753 auf Befehl der Kaiserin Kōken zusammengestellt wurde, so wäre notwendig gewesen, dafs die beauftragten Dichter sich hätten versammeln müssen, um über ihre Aufgabe zu sprechen. Wenn sich die Dichter versammelt hätten, so hätten sie nach der damaligen Sitte der Dichterwelt neue Gedichte geschaffen und diese würden auch im Manyōshū Aufnahme gefunden haben, dergleichen ist aber nicht bekannt geworden. Ich habe nur gefunden, dafs sich die Dichter am 4. Januar 753 im Hause Ietsugu's, am 12. desselben Monats am kaiserlichen Hofe, am 19. Januar im Hause Moroe's sammelten. Ferner unternahmen einige Dichter zusammen einen Ausflug auf den Berg Takamado, auf dem sie aber nicht über das Werk sprachen.

II. Da es jetzt keinen Gelehrten giebt, welcher glaubt, dafs das Werk in der Regierungszeit des Kaisers Shōmu zusammengestellt worden sei, so ist es nicht nötig, gegen diese Ansicht einen Beweis zu erheben.

III. Obwohl etwas Richtiges daran ist, dafs Moroe und Yakamochi dieses Werk zusammengestellt haben, so

IV. ziehe ich doch vor, anzunehmen, dafs Yakamochi in erster Reihe daran gearbeitet hat, weil ich dafür folgende Beweisgründe gefunden habe.

a. Moroe, welcher früher als Hauptzusammensteller genannt wurde, ist im Januar 757 n. Chr. gestorben, während es sich herausgestellt hat, dafs in dem Werke gerade diejenigen Gedichte, welche in den Jahren zwischen 757—759 gedichtet wurden, meistens von Yakamochi sind.

b. Bei Yakamochi's Gedichten sind stets die Bezeichnungen des Jahres, des Monates, des Tages und sogar der Stunde hinzugefügt, bei Moroe dagegen nicht.

c. Bei dem Vater Yakamochi's ist immer nur der Rang und Familienname seines Vaters Tabibito, niemals aber dessen Vorname angegeben. Wäre nur Moroe allein der Zusammensteller, so wäre es nicht so: er hätte Tabibito's Vornamen ebenso hinzugefügt, wie er es bei den anderen gethan hat.

d. Die Aufnahme zahlreicher Gedichte von Verwandten Yakamochi's spricht aus nahe liegenden Gründen gleichfalls dafür, dafs Yakamochi der Zusammensteller war.

e. Von denjenigen Gedichten, welche während Yakamochi's Abwesenheit von der Hauptstadt daselbst von anderen Dichtern gemacht wurden, stehen sehr wenige im Werke, dagegen umsomehr von solchen Gedichten, welche Yakamochi während seiner amtlichen Thätigkeit in der Provinz gedichtet oder gesammelt hat.

f. Die Gedichte der „Sakimori" (dies waren Soldaten, die von Nordost nach Südwest Japans als Grenzwächter versetzt worden waren) hat thatsächlich nur Yakamochi ausgewählt, nicht Moroe. Dafs er die bequemste Gelegenheit gehabt hat, sie zu lesen und zu sammeln, ergab schon seine Stellung als Kriegskommissar, die er damals inne hatte. Die Beamten, welche die Sakimori auszuheben hatten, sandten deren Lieder direkt zu Yakamochi. Den Beweis hierfür kann man in B. XX finden.

Auf Grund dieser sechs Beweise sollte man doch die Ehre, das berühmte Manyōshū zusammengestellt zu haben, Yakamochi nicht länger vorenthalten. Wer ihm dabei geholfen hat, der mufs natürlich auch an dieser Ehre teilnehmen und diese Helfer waren Moroe, sein Sohn Naramaro, Yakamochi's Vater Tabibito, sein grofser Freund Okura und Yakamochi's Verwandte. Die Lieder, die Yakamochi neben den neugedichteten ausgewählt hat, waren diejenigen, welche einige Dichter schon in früheren Zeiten in Privatgedichtsammlungen niedergeschrieben hatten oder Volkslieder, welche in Stadt oder Dorf vom Volke gesungen wurden.

Wann hat sich Yakamochi mit diesem Werke zu beschäftigen begonnen?

Diese Frage ist noch nicht gelöst worden, dagegen kennt jedermann das Ende dieser Beschäftigung, welches in den Januar des Jahres 759 n. Chr. fällt.

Warum hat Yakamochi gerade in diesem Jahre das Werk abgeschlossen?

Die Ursachen sind vielleicht:

1. Yakamochi ging als Bürgermeister nach Enaba (Südjapan),
2. Sein alter und guter Freund Moroe war seit 2 Jahren verstorben. Nach dem Tode dieses bewährten Helfers hatte er den Mut verloren, seine Bemühungen allein fortzusetzen.

Wenn Yakamochi in der Hauptstadt hätte bleiben können, würde vielleicht dieses Werk noch gröfser geworden sein, so grofs wie der Name Manyōshū („10 000 Blätter, 10 000 Stücke") ausdrückt und wir hätten dann die Lebensführung und die Ideale unserer Vorfahren noch weit besser kennen lernen können.

III.

Textgeschichte.

Mit der Aufstellung einer Interpungierung des Manyōshū begann man in den Jahren zwischen 951 und 956 n. Chr. in der Regierungszeit des Kaisers Murakami.

Da der Kaiser die japanischen Gedichte sehr gern hatte und es damals in Japan zahlreiche Dichter gab, wurde auf Befehl des Kaisers das Gedichtsammlungsamt am Hof (Nashitsubo) gegründet. Die erwählten fünf Beamten waren die jetzt noch vielgepriesenen Dichter: Jun (912—983 n. Chr.), Motosuke, Yoshinobu, Tokibumi, Mochiki.

Bis zu dieser Zeit hatten wir nur die chinesischen Wortzeichen (Mana) im Manyōshū und weder Hirakana noch Katakana kamen darin zur Anwendung. So konnten es damals alle diejenigen nicht verstehen, welche keine Kenntnisse in der chinesischen Sprache und Litteratur hatten. Auch im Besitz dieser war es noch sehr schwer, die Bedeutung der Gedichte recht zu verstehen und daher kamen schon damals die vielen Fragen und Zweifel (in betreff der Bedeutungen) zwischen den Gelehrten.

Da dies der Kaiser wufste, befahl er Jun und den anderen, das Buch mit Interpunktion zu versehen, in der Annahme, dafs Jun und seine Kollegen ebenso grofse Kenntnisse in der chinesischen wie in der japanischen Litteratur hätten.

Diese Interpunktion war die erste Bearbeitung (Koten),

aber von Kommentaren und Anmerkungen war noch nicht die Rede.

Nach dieser Zeit begann man erst an die Kommentierung des Werkes zu gehen und es waren die nachstehend verzeichneten Gelehrten, welche sich vorzugsweise damit beschäftigten: Tadamichi, Sukekuni, Takakoto, Masafusa, Kuninobu, Moroyori, Mototoshi. Das Resultat dieser Thätigkeit bezeichnet man als die zweite Bearbeitung (Jiten).

Im Jahre 1243 gab dann der Feldmarschall Yoritsune dem Dichter Chikayuki den Auftrag, das Manyōshū durchzuarbeiten und neu zu kommentieren. Das demgemäfs neu durchgearbeitete Werk verglich Sengaku, ein berühmter Kenner des Manyōshū, im Jahre 1246 mit den anderen Auflagen und verbesserte es. Diese Bearbeitung heist „die neue" (Shinten).

Von der Zeit an, als das Manyōshū zusammengestellt wurde, bis zur Zeit als es Sengaku kommentiert hatte, waren schon 487 Jahre vergangen, so dafs die Sprache, die Schrift und die Dichtweise natürlich eine andere geworden war. Deshalb hatte Sengaku sehr oft Schwierigkeiten mit seiner Arbeit. Er beschäftigte sich 20 Jahre lang (von 1246–1266) damit und benutzte dazu 23, nach anderen 26 verschiedene Bücher als Quellen. Er berichtet selber, dafs damals noch niemand die 152 Gedichte des Manyōshū richtig verstanden habe. Vielleicht hielten es die alten Kommentatoren für ein ebenso schweres Buch, wie die Griechen das Werk Heraklits „Über die Natur" oder die Deutschen Goethes „Faust".

Wie ich schon vorher gesagt habe, hat Sengaku zunächst Chikayukis Buch als Hauptquelle benützt, doch hat er auch die drei entgegengesetzten Bücher als solche ausersehen, da er alle Fehler korrigieren wollte. Diese Quellen sind die Arbeiten Motofusas, Kwōmyōjis, Kamakuras.

Hierzu bemerkt er, dafs er noch einige andere Bücher vor sich hatte.

Im Jahre 1269 stiegen ihm einige neue Zweifel auf, so dafs er sich bemühte, seine Untersuchungen zu vervollständigen. Dazu benutzte er diesmal die Arbeiten Shinkwans oder Ietakas (Karyū), Motonagas.

Im Jahre 1270 erhielt er von jemand das Buch Rokujos, der auch unter dem Namen Shigéies bekannt ist.

In diesem steht als Nachschrift Shigéies zu lesen: „Im Jahre 1171 habe ich dieses Buch nach demjenigen Tsunemoris geschrieben, welcher das Buch Nijōs abgeschrieben hat. Bis heutzutage hat man Kana und Mana nie in ein und demselben Buche nebeneinander bemerkt, sondern beide Schriftarten stets getrennt gehalten. Erst auf Befehl des Kaisers Takakura hat mein älterer Bruder Kiyosuke Kana neben Mana geschrieben."

Im Jahre 1271 bekam Sengaku die Arbeiten Tadosadas und Sakyōs, die er ebenfalls benutzte.

Bis zu diesem Zeitpunkte hatte er etwa 11 verschiedene Quellen herangezogen und nach ihnen die Fehler korrigiert und viele Zweifel aufgeklärt. Je mehr von den einschlägigen Schriften ihm eben zugänglich wurden, desto mehr häuften sich Fragen und Zweifel, so daſs er äuſserte:

„Die erste und zweite Bearbeitung sind voneinander verschieden. Deshalb setzte ich neben den in Mana geschriebenen Text rechts und links den Text der ersten und zweiten Bearbeitung in Kana und schien es mir richtig, daneben auſserdem noch die „neue" Bearbeitung hinzuzufügen.

„Das, was ich für richtig gehalten habe, schrieb ich mit **schwarzer** Farbe, das mir Zweifelhafte mit **grüner** Farbe, während ich für meine Verbesserungen und Ergänzungen der Bedeutungen, sowie der Interpunktion, die **rote** Farbe wählte."

Bald darauf fand er ein Buch Tadakanes auf, der ein Kenner des Manyōshū war, und durch dieses Werk lernte er noch die Arbeiten Sanshūs, Kōkes, Ryōens, Takakotos, Sakingos, Nakatsukasas, Yorimichis, Michitoshis etc. als Quellenschriften kennen.

Ich glaube damit nachgewiesen zu haben, daſs sich Sengaku um das Manyōshū auſserordentlich bemüht hat. In den angeführten Bearbeitungen entdeckt er die folgenden Hauptunterschiede:

A. Die Inhaltsverzeichnisse sind voneinander verschieden.

1. In den Büchern von Motofusa, Sakyō, Tadakane etc. ist die Inhaltsangabe aller 20 Bände vollständig.

2. In einigen Büchern stehen genau die Namen der sämtlichen Sakimori, in anderen nur die Zahl ihrer Gedichte. In den Büchern von Nijō, Motonaga und Shinkwan reicht das Inhaltsverzeichnis nur bis Band 16.

3. In einigen fehlt dieses Verzeichnis ganz.

4. Einer dieser Autoren setzt Hanka („Nachgesang") für Tanka („kurzes Gedicht").

B. Die Schriftzeilen des Textes der Gedichte ragen etwas über diejenigen der darunter stehenden allgemeinen Erläuterungen der Dichter hinaus oder umgekehrt.

1. In den Büchern Kwōmyōjis, Kamakuras, Tadakanes ist das Erste der Fall.

2. In den Büchern von Motofusa, Nijō, Tadasada, Shinkwan, Sakyō, Michikase und Yukinari tritt der umgekehrte Fall ein. Dies ist vielleicht die alte Schreibweise.

C. Kana steht neben Mana oder nicht.

1. Jun hat vielleicht zuerst Kana rechts neben Mana gesetzt.

2. Die vollständige Trennung von Kana und Mana nach Büchern entstammt dem Befehle des Michinagas. Diese Trennung ist weder praktisch noch bequem.

Nachdem Sengaku mit Fleiſs und Geduld seine Untersuchungen angestellt hatte, setzten seine Schüler Yukihiro und

Shōshun sein Werk fort und beschäftigten sich ebenfalls eifrig mit dem Manyōshū. Der Letztere sagte: Seit der Zeit, als die Gedichte des berühmten Dichters Teïka populär geworden sind, verfiel das Manyō-Kana.

Dieses trifft umsomehr zu, als sich Teïka selbst seine eigene Schreib- und Ausdrucksweise schuf, d. h. er hat selber die alte Grammatik nach seiner Methode verändert.

Nach dem Tode der obengenannten zwei Schüler des Sengaku trat die Zeit des Niedergangs ein, welche man Sengaku-Jidai (Kampfzeit) nennt. Damals herrschte die Schärfe des Schwerts und es schwand die Freude an der Litteratur. Das Manyōshū wartete in alten Bücherkästen verborgen auf friedlichere Zeiten.

Im Jahre 1643 n. Chr. druckte der Buchhändler Yasuda das Futsūhon, das einen Kommentar zum Manyōshū enthält. Man sagt aber, daſs in den Jahren zwischen 1596—1614 Schriften von Hosois, Gakumonjos etc. als Vorläufer der Wiederuntersuchungen des Manyōshū erschienen seien. Doch da dieses eine Zeit war, in welcher die japanische schöne Litteratur vollständig darniederlag, hatten die Litteraten noch keine Neigung, sich mit einem so schwierigen Werke, wie das Manyōshū ist, zu beschäftigen.

Im Sunfuki von Gotō wird eine interessante Anekdote erzählt, welche zeigt, wie wenig das Manyōshū damals bekannt war: Im Juli 1614 las Tamemitsu das Kokinshū einmal vor. Zu Ende der Vorlesung frug ihn Ōgosho, in welchem Buch die Biographie des Hitomaro, des berühmtesten Dichters im Manyōshū, stände? Er antwortete: Hitomaro sei eine mythische Person gewesen und seine Biographie in keinem Buche zu finden. Darauf frug Ōgosho nochmals den Dōshun, den Kenner der chinesischen Litteratur, worauf dieser sofort antwortete: Im Manyōshū können wir vier Hitomaro kennen lernen, unter denen der berühmteste Hitomaro Kakinomoto ist (sein Familienname); ist der vielleicht mythisch? Tamemitsu konnte keinen Widerspruch erheben und sein Gesicht rötete sich vor Scham.

Hinsichtlich des Wortes „mythisch" hatte Tamemitsu einen lächerlichen Irrtum begangen und ebenso war Dōshun hinsichtlich der Zahl „vier" im Unrecht, weil es im Werke nur einen berühmten Hitomaro giebt. Diese zwei Männer wurden damals als die gelehrtesten geachtet und wie geringe Kenntnis vom Manyōshū hatten sie!

Vom Anfange der Tokugawa-Zeit (1603—1867) zog man die Feder dem Schwerte vor und allmählich begann die blühende Zeit der japanischen und sino-japanischen Litteratur. Auch das Manyōshū feierte seine Auferstehung aus dem Bücherkasten. Keïtchū (1640—1701) war es, welcher des Wiedergeborenen erster Beschützer wurde, Azumamaro (1668—1736) öffnete ihm sein warmes Herz und Mabuchi (1697—1767) führte den wieder zu voller Kraft Herangewachsenen aufs neue in die Welt ein. Der Letztgenannte war bereits wieder ein ganz hervorragender Kenner des Manyōshū, voller Verständnis für Inhalt wie Form der Gedichte.

Sein Schüler Norinaga (1730—1801) beschäftigte sich hauptsächlich mit den Sprachformen des Buches und war der erste und gröfste Kenner der Manyōshū-Grammatik.

Auf allen diesen bisher erwähnten Vorarbeiten bauten sich alle späteren zahlreichen Erklärungen und Kommentare des Manyōshū auf, unter denen die folgenden für die besten gehalten werden:

1. Manyōshū-chūshaku von Sengaku,
2. Shirin-saiyoshū von Yūa,
3. Manyō-shōdaiki von Keïchiu,
4. Manyō-hekianshū von Azumamaro,
5. Manyōkō von Mabuchi,
6. Kanjikō von Mabuchi,
7. Manyō-tamanoogoto von Norinaga,
8. Manyōkō-tsukinoochiba von Hisaoi,
9. Manyōshūtō von Mitsue,
10. Manyōshu-ryakuge von Chikage.

Das letztgenannte Buch ist populär und sehr verbreitet wegen der Kürze und Klarheit der Kommentare. Der gröfste Kommentar ist aber Manyōshū-Kogi.

Unter den heutigen Manyōshū-Gelehrten hebt man zunächst Prof. Kimura-Masakoto hervor. Er besitzt gediegene Kenntnisse in der japanischen und chinesischen Litteratur, kommentierte das Werk auf Grund der alten Laut- und Reimlehre und legte an die Urteile der früheren Kommentatoren den Mafsstab der Kritik an. Ich habe seine Vorlesungen an der Universität zu Tōkyō gehört und sehr interessant gefunden. Er gab folgende Schriften über das Werk heraus: Manyō-monjibentō (to bedeutet Licht); Manyō-kungitō; Manyō-jiontō.

Nun möche ich das oben Gesagte kurz zusammenfassen. Die Ehre des Anführers in der Reihe der Manyōshū-Kommentatoren gebührt dem Jun; Sengaku hat den richtigen Weg zum Verständnis des Manyōshū gefunden und Mabuchi folgte seiner Spur mit liebevollem Herzen.

Die Kommentare dieser Männer genügen mir jedoch nicht. Sie hatten hauptsächlich zunächst die Bedeutung und den Lautwert der chinesischen Zeichen oder Worte erforscht. Auch hatten sie schon sehr wohl erkannt, dafs das Manyōshū nicht blofs poetisch, sondern auch geschichtlich zu betrachten wertvoll sei. Doch wer hat bis jetzt die darin enthaltenen philosophischen, religiösen und ethischen Gesichtspunkte genau und richtig aufgesucht und kritisiert?

Auch hatten sie hinsichtlich der Kommentierung als Richtschnur nur diejenigen Wörter- und Reimbücher gebraucht, welche nach der Regierungszeit der Tō (chines. Thang = einer chinesischen Kaiserfamilie) erschienen sind und nach diesen alle im Manyōschū stehenden Worte ausgelegt; so hatten sie zuweilen natürlicherweise das Richtige für das Fehlerhafte gehalten.

Unsere Manyōschū-Erforscher müssen nach denjenigen Wörterbüchern Untersuchungen machen, welche vor der Regierungszeit der Tō erschienen sind, weil im Manyōschū viele ältere chinesische Bezeichnungen und Laute stehen.

Ich wage jetzt zu behaupten, dafs sich die früheren Kritiker oder Kommentatoren, welche die Schulung des modernen Denkens noch nicht besafsen, öfters dem Fluge ihrer dichterischen Phantasie und Empfindungen mehr hingaben, als es gestattet werden kann.

Defshalb konnten sie nicht gut analysieren oder synthesieren und somit auch nicht richtig kritisieren. Sie hatten das Schöne als das Schöne gut beurteilt, doch wufsten sie kaum „wie", „worin" und „woher", kurz, sie lasen weniger in dem Werke, als darin steht.

IV.

Worin besteht nun der Wert des Manyōshū?

Liegt er in der Einfachheit und Ursprünglichkeit der Gedankenwelt, die in diesen Gedichten vorherrscht, oder mehr in ihrer Erhabenheit und Schönheit, oder endlich in der aufserordentlichen Reichhaltigkeit der Sammlung? — Jedenfalls sprechen alle diese drei Punkte für die Beurteilung mit, doch möchte ich noch, wie im Inhaltsverzeichnisse schon angedeutet ist, einige weitere hervorheben.

I. Grofsen Wert birgt das Manyōschū zunächst für die Erforschung der religiösen Anschauungen. Der grofse Dichter Hitomaro erzählt in einem Verse z. B.: „Es versammelten sich im Amanokawara 8- oder 10 000 000 Götter (Kami) zu einer Unterredung, in der auch zur Sprache kam, dafs Amaterasuhirume den Himmel regiert und seine Enkel Hikohoninigi das Land Nippon." Hier ist also der Urgedanke des Shintoismus[1] ausgedrückt, d. h. dafs ein grofser Gott Amaterasuhirume den Himmel und alle Dinge in der Welt regiert, während seine Enkel nur über diese Welt herrschen. Der Shintoismus fafst das Wesen des Gottes Amaterasuhirume nicht nur geistig, sondern auch körperlich auf, er sagt also,

---

[1] Das Wesen des Shintoismus ist der Monismus, insofern die Gesamtheit alles Seins auf einen letzten Grund, den Gott Amaterasuhirume zurückzuführen ist.

der Gott ist zum Menschen geworden und dieser Mensch ist dann auch wieder Gott. Da nun nach dieser Anschauung die Nachkommen des Gottes A. die Begründer des japanischen Kaiserreichs geworden sind, so ist der japanische Kaiser nicht nur der oberste Herrscher im Lande, sondern es werden ihm auch göttliche Eigenschaften zuerkannt. In diesem Sinne ist er nicht ein Diener Gottes, sondern steht ihm ebenbürtig zur Seite, ist also gleichsam ein Gott auf Erden.

Wir finden defshalb bei den Dichtern des Manyōshū oft die Bezeichnung „göttliche Majestät" und die Anschauung, dafs der Kaiser[1], wenn er stirbt, zum Himmel aufsteigt. Man geht in der Verherrlichung der Person des Kaisers noch weiter, indem man sagt, dafs ihm, da er doch ein Gott ist, der Gott des Berges im Frühling die Blumen erblühen, die Metalle entstehen, die Wälder wachsen läfst, der Gott der Flüsse ihm die köstlichsten Fische schenkt.

Im Folgenden möchte ich aus den Gedichten des Manyōshū definieren, wie man damals das Wesen Gottes aufgefafst hat. Die shintoistischen Dichter betonen alle, dafs er erhabener ist, als die Menschen, dafs er einen allwissenden Geist besitzt, ein grofsmütiges und mildes Herz, grofse und endlose Tugend. Daneben ist ihm die Fähigkeit eigen, alle Dinge zu erschaffen und zu regieren. Sein Ideal ist gröfste Vollkommenheit, darum schätzt er die Reinheit[2] der Seele und des Körpers. Sein Betragen ist ein Muster für die Menschheit, darum versteht er es, Hochachtung einzuflössen. Nichts bleibt ihm ver-

---

[1] In China herrscht der Glaube, dafs der Kaiser ein Sohn des Himmels ist, also sein Mandat vom Himmel empfängt, eine Anschauung, die nach meiner Ansicht stammt von dem Kaiser Tō (chines. Thang) aus der Kaiserfamilie In (chines. Yin), aus politischen Gründen angeführt worden ist. Conficius hat sehr oft die Ausdrücke gebraucht: „der Befehl des Himmels", „der Weg des Himmels", „die Furcht vor dem Himmel" und die „Nachahmung des Himmels". Eine andere Anschauung ist auch die Personifikation des Himmels. Danach ist der Himmel ein Wesen, welches einen Willen hat. Auch besitzt er einen tugendhaften Charakter und hat das Recht, die Menschen zu belohnen und zu bestrafen. Rōshi (chin. Lao-tse) sagt in seinem Dōtokukyō (chin. Tao-teh-king), der Himmel vermehrt ein jedes „zuwenig" und vermindert ein jedes „zuviel", d. h. mit anderen Worten, er führt alles auf das rechte Mafs zurück. Bei ihm finden wir auch den Vergleich des Himmels mit einem Netz und zwar hat dieses Netz die Eigenschaft, alles in sich aufzunehmen und nichts entrinnen zu lassen, obwohl es aus sehr grofsen Maschen gebildet ist. — Dagegen hat der grofse Shintoist Motoori-Norinaga in seinen Werken Kuzuhana und Nahohinomitama gesagt, der Himmel und die Erde sind tote Dinge, haben also keinen Geist und können nicht handelnd eintreten, sondern sind nur eine Maschine, welche dem Gotte als Werkzeug dient. Eine ähnliche Anschauung ist im Buddhismus, nämlich die, dafs zwischen Himmel und Erde nur das „Ich" eine Bedeutung besitzt. Vertreten finden wir sie in dem Werke Hattoris Sekirara (18. Jahrh.).

[2] Vgl. Nippon-suidokō von Nishikawa (17. Jahrh.) und Tamabokohyakushu-kwai von Motoori-Ōhira (1765—1833).

borgen, alles sieht, hört und erkennt er. Er ist Herr über
Leben und Tod, über Hab und Gut. Weiter bezeichnen ihn
die Dichter als Schöpfer der Natur, als das vernünftigste
Wesen, als unser Ideal. Da er einmal ein Mensch war, sagen
sie, so haben ihn unsere Vorfahren kennnen gelernt, wie sie
den Kaiser, seinen Nachkommen, kennen. Defshalb ist sein
Wesen auch anders, wie das der unsichtbaren Götter anderer
Religionen. Die Dichter vergleichen den Gott mit der strah-
lenden, schönen Sonne, indem sie sich seine Erscheinung ebenso
herrlich denken. Darauf bezieht sich das nachstehende Ge-
dicht des Kronprinzen Oe aus dem Jahre 757.

> Wie Mond und Sonne
> Beleuchten Erd' und Himmel,
> So lange dauert
> Und wird noch dauern künftig
> Das Kaiserhaus. Was sorg' ich? (Bd. XX S. 270.)

Unter der Herrschaft des einen grofsen Gottes stehen viele
andere Götter und Göttinnen, nämlich:
1. Der Gott der Erkenntnis und des Verstandes (Ame-
no-omohikane).
2. Der Gott der Lüge (Kotoshironushi).
3. „   „   des Krieges (Takemikazuchi).
4. „   „   des Mondes (Tsukiyomi).
5. „   „   des Windes (Shinatsu).
6. „   „   des Donners (Narukami).
7. „   „   des Regens und Schnees (Okami).
8. „   „   des Meeres (Watatsumi).
9. „   „   der Schiffer (Arahito).
10. „   „   der Seestädte (Sumiyoshi).
11. „   „   der Wege (Tamuke).
12. „   „   des Reises (Amano-ihatowake).
13. Die Göttin des Essens (Toyouke).
14. „   „   der Wälder und Hölzer (Hamori) etc.

Die Bezeichnung Gottheit trifft eigentlich für die zuletzt
genannten nicht vollkommen zu. Man hat im Japanischen
dafür die Bezeichnung „Kami" und diese deckt sich nicht
genau mit dem deutschen Begriffe „Gott" oder dem chinesi-
schen „Shin". Das Wort „Kami" bedeutet „oben" oder
„Haupt", „Kopf", „hoch", „Kaiser", „Fürst". In Japan redete
man schon früher und noch jetzt die Herren Fürsten und
Kaiser „Kimi" an, welches von „Kami" herstammt. Bei
Kami sind keine Götter, sondern Herren; denn man nimmt
an, dafs sie einst auf Erden gewesen sind und sich dort um
Kaiser und Volk grofse Verdienste erworben haben. Hierfür
sind sie nun von den Dichtern gefeiert und in ihren Werken
verewigt worden. Norinaga sagt in seinem Werke Tamaboko-

---

[1] Vlg. Shintō-dokugo (1782) von Ise.

hyakushū: „Unsere Vorfahren sind unsere Götter und Göttinnen." Und weiter sagt er: „Unsere Eltern sind die Götter unserer Familie." Damit ist wieder nicht die Bedeutung des deutschen „Gott" oder chinesischen „Shin" gemeint. Es bedeutet nur soviel, daſs wir unseren vergöttlichten Vorfahren die gröſste Achtung bewahren und sie hochschätzen sollen.

Gehen wir nun zu der Weltanschauung über, wie sie bei den Dichtern der Manyōschū-Zeit zutage tritt, so begegnen wir verschiedenen Überzeugungen, nämlich der shintoistischen, buddhistischen und chinesischen. Was zunächst die shintoistische betrifft, so gipfelt sie darin, daſs die Welt kostbar und schön sei. Der Tod wird infolge dessen als ein Übel betrachtet, dagegen wünscht man ewige Jugend und ewiges Leben. Folgende Beispiele mögen dafür sprechen:

> Sie führt den Jüngling
> Nach der Insel der Unsterblichkeit,
> Dort auf ewig sorglos zu wohnen,
> Nimmermehr alternd
> Nie im Tod erbleichend. (Bd. XIX S. 33.)

> Am Flusse liegen
> Viel und unbemooste Steine,
> Stets unverändert.
> Ach! Könnt ich unverändert
> Und jung gleich ihnen bleiben! —
> (Die Shintoistin Fuki im Bd. I S. 32.)

Der Shintoismus ist eben optimistisch. Diese Lebensauffassung finden wir auch in den Märchen damaliger Zeit ausgedrückt, die einen vorwiegend lustigen und heiteren Charakter haben.

> Wer auf die Erde
> Gekommen, der wird sterben.
> Wenn dieses wahr ist,
> So mögen alle Menschen
> Hinieden lustig leben. (Tabibito Bd. III S. 281.)

> Kann ich in Freuden
> In dieser Welt nur leben,
> Warum dann sorgen,
> Ob zum Insekt im Jenseits
> Ich werde, ob zum Vogel? (Tabibito Bd. III S. 279.)

Wie der deutsche Philosoph Leibniz, so haben auch die Shintoisten die Auffassung, daſs die wirkliche Welt die beste sei. Und das schönste Land in dieser Welt ist nach ihrer Auffassung Japan.

Nach der Meinung der Shintoisten stammt das physische Übel in der Welt nicht von dem guten Gotte, sondern kommt von einem sogenannten Makatsuhi, dem Gotte des Bösen. Da der letztere unter der Herrschaft des groſsen guten Gottes steht, so kann dadurch das physische Übel unterdrückt und das Böse kann wieder zum Guten werden. Als Parallele findet sich bei Leibniz[1] dafür folgendes: Das Böse sei gar nichts Reales und es spiele nur dieselbe Rolle, wie die Schatten in einem farbigen Gemälde oder die Dissonanzen in der Musik, welche die Schönheit nicht vermindern, sondern durch den Kontrast erhöhen. Beiden ist also der Gedanke gemeinsam, daſs die Welt zwar ohne Übel und ohne Beschränkung nicht existieren könne, daſs aber das Gute siege, die Welt weiter fortschreite.

Von der shintoistischen Anschauung, daſs diese Welt die beste sei, ging man weiter zu der Behauptung, daſs auch der Mensch ursprünglich gut erschaffen worden sei. Die Dichter legen sich häufig die Frage vor, woher Geist und Körper des Menschen stammen und kommen dann immer zu dem Ergebnis, daſs beides offenbar nicht durch uns selbst, sondern durch ein höheres Wesen geschaffen sein müsse, das die Fülle aller Vollkommenheiten in sich vereint. Der Mensch sei also als ein Ebenbild dieses höheren Wesens erschaffen, infolge dessen ursprünglich ebenso vollkommen. Nur eine Krankheit und eine Ausnahme ist die Erscheinung des Bösen in der Natur des Menschen.

Neben der shintoistischen Weltanschauung finden wir bei den Dichtern des Manyōschū häufig auch **buddhistische**[2].

> Womit nur soll ich
> Vergleichen dieses Weltall?
> Es gleicht dem Boote,
> Das in die Ferne segelt
> Und ohne Spuren verschwindet.
> (Der Buddhist Manseï Bd. III S. 282.)

---

[1] Der Shintoismus hat nicht nur Verwandtschaft mit Leibnizens Weltanschauung, sondern auch mit derjenigen Schleiermachers. Mit der Ansicht des Shintoismus über Gott und Welt stimmt vortrefflich Schleiermachers Weltfreudigkeit. Ist das Universum die Erscheinung der göttlichen Wirksamkeit, so ist es als Ganzes betrachtet **vollkommen**; was wir darin an Unvollkommenheit antreffen, ist nur die unvermeidliche Folge der Endlichkeit. Das Schlechte ist nur ein minder Vollkommenes, alles ist so gut, als es sein kann, die Welt ist die Beste, die möglich war, jedes steht an seinem rechten Orte, auch das Geringste ist unentbehrlich. Alles ist gut und göttlich (**Falckenberg**, Geschichte der neuen Philosophie, S. 389).

[2] Der Buddhismus fand Eingang in Japan unter der Regierung des Kaisers Keïtai im Jahre 520 n. Chr. Zu der Zeit kam der Koreaner Shibatatsu mit seiner Familie nach Japan und ließ sich in der Provinz Yamato nieder. Doch verbreitete sich der Buddhismus zunächst nicht über seine Familie hinaus. Im Jahre 552 n. Chr. schenkte ein koreanischer König, Seïmeï, dem damaligen Kaiser von Japan, Kinmeï, mehrere buddistische Bibeln und Bilder und schrieb dem Kaiser, daſs diese Religion die beste unter allen sei. Das bewirkte, wenn auch nur nach schweren Kämpfen und allmählich eine Verbreitung des Buddhismus in Japan. So hatte er 72 Jahre später erst 46 Kirchen und 1395 Anhänger, darunter 579 Frauen. Im Jahre 900 n. Chr. waren dagegen schon $^2/_3$ der Bevölkerung buddhistisch geworden. (Nach der Statistik von Miyoshi-Kiyotsura, 9. Jahrh.)

> Was nützt das Leben?
> Wie Lettern, die ins Wasser
> Man schreibt, so flieht es.
> Warum versprach ich also
> Der Liebsten, sie zu treffen? (Bd. X S. 305.)

Der Dichter des ersten Gedichtes betont die Nichtigkeit alles Daseins, indem er alle Erscheinungen der Welt als spurlos bezeichnet, d. h. es vergeht nach seiner Meinung alles in der Welt, ohne eine Spur zu hinterlassen. Diese Theorie erinnert an die Weltanschauung moderner Philosophen, besonders Schopenhauers, der ja übrigens ein grofser Freund des Buddhismus und des indischen Pessimismus überhaupt war, an die Zwecklosigkeit alles Daseins, an die Verneinung alles Willens, an den Wunsch, aus dieser Welt des trügerischen Scheins ins Nichts (Nirwana) zu gelangen.

In dem andern Gedichte bringt der ungenannte Dichter den Gedanken von der Vergänglichkeit des menschlichen Körpers zum Ausdruck und nennt auch die Quelle, aus der er geschöpft hat, nämlich das buddhistische Bibelwerk Nehankyō. Er vergleicht den Körper des Menschen mit Lettern, die man auf den Wasserspiegel zu zeichnen versucht. Flüchtig erscheinen sie, um sogleich wieder zu verschwinden. Häufig bin ich auch im Manyōshū einer buddhistischen Auffassung, dem Vergleiche des Menschenlebens mit einer Blase begegnet. Auch dies erinnert an Schopenhauer. Bei Weygoldt in seiner Schrift „Kritik des philosophischen Pessimismus der neueren Zeit" finden wir das so ausgedrückt: „Ihm (nämlich Schopenhauer) ist das Individuum ein unglückseliges Werkzeug, eine **Seifenblase** ohne selbständigen Wert, eine fluchbeladene Existenz und sein Lohn ist die Vernichtung."

> Der schönen Perle
> Gleich ich, doch niemand kennt mich.
> Jedoch was schadet's,
> Wenn sie auch niemand kennet!
> Wenn ich sie selbst nur kenne,
> So ist es gut, so g'nügt es. (Bd. VI S. 177.)

Der in diesem Gedicht ausgesprochene Gedanke ist ein Ausflufs des buddhistischen Individualismus, der in späterer Zeit in Japan verbreitet war. Man darf sich daher nicht darüber wundern, dafs es Leute gab, welche frei zu sein wünschten von Familie, Stadt, Vaterland, kurz von der Welt, also eine objektive Freiheit erstrebten. Daneben tauchte auch der Wunsch nach subjektiver Freiheit auf, also Streben nach Befreiung von allen Affekten, allen Störungen der Gemütsruhe, kurz das Verlangen nach absoluter Leidenschaftslosigkeit.

Nach meinem Dafürhalten ist der buddhistische Standpunkt, der eine Vernichtung des Willens fordert, undurchführbar. Erst durch die Behauptung des einen Willens gegenüber dem anderen und durch den sich daraus ergebenden Konflikt kann man zur Entstehung des Vertrages gelangen, der erst wieder die Grundlage zur Bildung einer staatlichen Gemeinschaft ist: also ohne Wille kein Konflikt, ohne Konflikt kein Vertrag, ohne Vertrag kein Staat.

> Wie lange werd' ich
> Auf dieser Welt noch leben?
> O schönes Flufsthal!
> Hier möcht' ich ruhig wohnen
> Und Buddhas Weg beschreiten.
>
> (Bd. XX S. 257.)

In diesem Gedichte finde ich zum ersten Mal den Begriff der Askese. Daraus ist dann völlige Empfindungslosigkeit gegen alles Gefühlsleben entstanden, also gegen Liebe, Freundschaft, Geselligkeit, ferner auch die Gleichgültigkeit gegen körperliches Befinden und das Dahinschwinden der Jugend und der Kräfte.

In mehreren Gedichten begegnet man auch folgenden drei auf buddhistischen Anschauungen beruhenden Ausdrücken.

1. „Liebesflufs" (Aika). Das bedeutet, die Liebe ist wie der Flufs, dem man leicht zum Opfer fällt, wenn man auf schwankendem Kahne darüber hinsegelt und besonders gemeint ist damit die Geschlechtsliebe. Der Buddhismus verlangt Unterdrückung der Geschlechtsliebe in erster Reihe, doch befördert er auch gleichzeitig die Verleugnung der Vaterlandsliebe, der Elternliebe und der Liebe des Volkes zum Kaiser. Es ist charakteristisch, dafs es ein Buddhist war, der den ersten Mord an einem Kaiser verübte, nämlich an dem Kaiser Sujun. Ebenso wurde auch der erste Elternmord[1] von einem Buddhisten verübt.

2. „Trauersee" (Kukwai). Das bedeutet, diese Welt ist voll Trauer, es giebt mehr Unglück als Glück, mehr Schmerz als Lust, mehr Hemmnisse als Förderungen des Menschenwohls.

3. „Schmutzige Erde" (Edo). Damit soll ausgedrückt werden, dafs die Erde den Sitz der Sünde und des Elends ist. Diese Anschauung war aber für die Buddhisten kein Beweggrund, freiwillig aus dem Leben zu gehen, sondern nur dazu, sich mit dem Dasein eines Bettlers zu begnügen.

Wenn ich die buddhistischen Anschauungen in den Gedichten des Manyōshū betrachte, finde ich, wie schon bemerkt, häufig Anklänge an den abendländischen Pessimismus. Wie die Hoffnung nach Schopenhauer ein illusorischer Affekt ist, so ist sie das auch bei den pessimistischen Dichtern des Manyōshū. Die buddhistische Anschauung rechnet das Bibellesen höher an als alle menschliche Arbeit. Auch Schopenhauers Philosophie enthält keine Ermunterung zur Arbeit.

---

[1] Vgl. Hiratas Shitsujō-shōgo.

II. Auch für die philosophischen Anschauungen ist das Manyōshū wertvoll.

Der grofse Dichter Okura (Bd. V S. 13) erzählt in der Anmerkung zu einem Gedicht folgendes: „Es gab einst einen Mann, der zwar grofse Liebe zu seinen Eltern hegte, sich aber doch weigerte, ihnen den Lebensunterhalt zu gewähren, sowie er auch seine Familie verliefs, wie man etwa seine Schuhe auszieht, ohne sich weiter zu bedenken. Er dünkte sich höher und dem Himmel näher zu stehen als andere Sterbliche. Er wollte nicht wie andere Menschen, sondern als Anachoret leben." Diese durch den Philosophen Lao-tse[1] befürwortete Handlungsweise findet nicht den Beifall des Okura, sondern wird von ihm verspottet.

---

[1] He soared away into regions and heights, where others could neither follow him nor see him; and while he sometimes lost himself in wandering mazes, it must be confessed that, at other times, he had better success, and came back with „jewel in his bosom" (Chalmers' The old philosopher, Lau-tsze Introduktion, P. 1). — Lao-tse sagt in seinem Werke Táo-teh-king: „Die Beschäftigung des Landmannes und des Jägers stumpft alle Geistesthätigkeit ab." An einer anderen Stelle sagt er: „Werdet wieder zu Kindern". Nach seiner Anschauung soll man an den alten Sitten festhalten, einfach und ruhig leben, sanftmütig und nicht zornig sein. Er zieht einen schwachen Körper dem starken vor. Er tadelt die Klugheit und wünscht Vernichtung des Willens. Und wie die Stoiker sagt er: folge der Natur, lebe in Übereinstimmung mit ihr. — Der Philosoph Hattori sagt in seinem Werk Sekirara, dafs, als der Buddhismus nach China kam, viele Ausdrücke des Lao-tse mit übernommen wurden, weil zwischen beiden philosophischen Systemen grofse Ähnlichkeit war. — Plänkner sagt in seinem Werke Táo-teh-king (Übersetzung): Die Ansichten des Confucius sind von denen des Lao-tse so weit verschieden, als der Himmel von der Erde ist. — Chalmers sagt: „The following account, however, of an interview between Confucius and Lau-tsze, is very characteristic of the two. Lau-tsze was treasurykeeper to the Court of Chow, and Confucius went there to make enquiry about the ceremonies and maxims of the founders of the dynasty. They met and freely interchanged their views, when Lau-tsze said to Confucius: Those whom you talk about are dead, and their bones are mouldered to dust; only their words remain. When the superior man gets his opportunity, he mounts aloft; but when the time is against him he moves as if his feet were entangled. I have heard that a good merchant, though he has rich treasures duply stored, appears as if he were poor, and that the superior man, whose virtue is complete, is yet, to outward seeming, stupid. Put away your proud air and many desires, your insinuating habit and wild will. These are of no advantage to you. This is what I have to tell you." Confucius, when he left him, said to his disciples; I know how birds can fly, how fishes can swin, and how beasts can run. And the runner may be snared, the swimmer may be hooked and the flyer may be shot by the arrow. But there is the dragon. I cannot tell how he mounts on the wind through the clouds, and rises to heaven. Today I have seen Lau-tsze, and can only compare him to the dragon. Confucius always spoke from the stand point of a Schoolmaster or a magistrate. Lau-tsze's fault lay rather the other way. He saw the hollowness of the education and government of his day, and went to the extreme of condemning all systematic education, all legislation, all

Die eigene Philosophie des Lao-tse finden wir auch in folgendem Gedicht:

> Giebt's Frost und Sommer
> Bei dir zugleich, Einsiedler?
> Dich fragen möcht ich!
> Weswegen trägst du immer
> Fächer und Pelz zugleich? (Bd. IX S. 11.)

Okura giebt folgende drei Punkte als Quintessenz der Lehre des Confucius an:

1. Verhältnis zwischen Eltern und Kindern. 2. Verhältnis zwischen Kaiser und Unterthan. 3. Verhältnis zwischen Mann und Frau.

Aufserdem erwähnt Okura noch als bezeichnend für die Lehre des Confucius folgende Grundsätze: Der Vater muſs immer gerecht, die Mutter liebevoll sein; der ältere Bruder freundlich gegen den jüngeren und umgekehrt der jüngere gehorsam gegen den älteren. Als Kind muſs man pietätvoll gegen die Eltern sein. Wer diese Eigenschaften besitzt, kann auch ein Reich gut regieren.

Jedenfalls hat Okura die Lehre des Confucius ganz richtig aufgefaſst. Das läſst auch darauf schlieſsen, daſs die damaligen japanischen Gelehrten Confucius eifrig studiert haben.

Im Bd. XVII S. 303 steht der Ausdruck: „Die den Wind schlagenden Flügel fliegen hoch und verbergen sich in den Wolken[1]."

> Wenn nach Mukau,
> Wo gar nichts ist, dein Geist kommt,
> Den Berg Hakoya,
> Den man das Paradies nennt,
> Wirst du vielleicht gewahren. (Bd. XX S. 164.)

Die obigen Beispiele beweisen, daſs man Sōshis (chines. Choan-tse[1]) Philosophie gekannt hat.

> Ach, unsere sieben
> Berühmten weisen Männer,
> Die wir so lieben,
> Was hatten sie auf Erden
> Am liebsten wohl? — Den Reiswein.
>   (Bd. III S. 279.)

Dieses Gedicht hat der Dichter Tabibito zum Lobe des Weines gedichtet. Hier finden wir die sieben weisen Männer

---

official rank, and all executive governement. It was on these subjects that he drove his theory of non-action and spontancity begond all practical bounds (Chalmers, The old philosopher, Introduction. P. 10—18, 19).

[1] Choan-tse wurde im 4. Jahrhundert in der Provinz Mō in China geboren. Seine Weltanschauung ist mit der Lehre von Lao-tse und Buddhismus verwandt, während er von den Anhängern des Confucianismus als ein groſser Gegner erkannt wird. Sein Werk wird, wie sein Name lautet, Choan-tse genannt, dessen Satzbildung mannigfaltig und schwungvoll ist. Nach seinem Werke halte ich ihn für einen Skeptiker und Naturalisten.

erwähnt, welche Anhänger des Confucianismus waren und deshalb lebensfrohe Optimisten. (Confucius sagte: „Lebe heiter und verbanne alle Sorgen.") Die sieben Männer hiefsen: Keïkō, Genseki, Santō, Riūreï, Genkan, Kōshū und Ōjū.

Aus den angeführten Beispielen können wir entnehmen, dafs die Dichter des Manyōshū mit den philosophischen Problemen des Lao-tse, also mit seinem Individualismus[1] und Naturalismus ebenso vertraut waren wie mit den Principien des Anachoretentums und dem Skepticismus des Chan-tse. Daneben gab es noch Anhänger der eigentlichen Lehre des Confucius, nämlich seines philosophischen Konservativismus und Optimismus.

Viele Dichter des Manyōshū waren in dem Glauben an die Bedeutung der Träume befangen. So glaubte man z. B., dafs ein junges Mädchen, welches von einem Schwert träumte, seinen Geliebten bald sehen würde. Ferner herrschte der Glaube, dafs jeder, der im Schlafe die Ärmel seines Nachtgewandes zusammenschob, dem Gegenstande seiner Liebe im Traume begegnen könne. So findet man noch viele andere Beispiele von Traumdeutungen im Manyōshū, die für jeden, der sich mit japanischer Volkspsychologie beschäftigt, gewifs von hohem Interesse sind.

Bei einigen Dichtern des Manyōshū finden wir auch den Glauben an die Erfüllung der Orakel.

1. Yū-ura. Dies bedeutet, wie Professor Florenz in seinen „Dichtergrüfsen aus den Osten" richtig sagt, zufällig aufgefangene Worte Vorübergehender am Abend wurden als Antwort auf eine Frage, die man gerade im Geiste erwog, gedeutet.

2. Ashi-ura. Dies bedeutet z. B. mein Wunsch geht in Erfüllung, wenn ich auf einem beliebigen Geldstück errate, ob die darauf stehende Jahreszahl gerade oder ungerade ist u. s. w.

3. Ishi-ura. Wie dies Orakel ausgeübt wird, läfst sich heute nicht mehr feststellen. Jedenfalls heifst es „Steinorakel".

4. Mina-ura. Dies Orakel existierte schon im Jahre 700 v. Chr., aber auch hier läfst sich der Sinn dieses „Wasserorakels" nicht mehr feststellen. Es werden folgende Arten davon erwähnt:

5. Futomani. Dies Orakel ist auch schon so alt wie das vorher genannte und bedeutet, dafs man Gott fragt, ob ein Wunsch gut oder böse sei.

6. und 7. Schliefslich kannte man noch folgende zwei Orakel. Man verbrannte Hirschknochen mit Birkenholz und deutete aus der Asche bestimmte Geschehnisse. Ebenso machte man es mit Schildpatt. Diese beiden Orakel finden wir freilich in der Manyōshū-Zeit nur in Nordosten Japans verbreitet.

---

[1] Vgl. Rongo (chin. Lün-iü) Buch 6.
[2] Vgl. Plaenkner, Táo-teh-king, Einleitung.

Die genannten Orakel dienten alle dazu, die Zweifel zu beseitigen, das Gewissen zu beruhigen und das Urteil zu klären.

III. Die ethischen Anschauungen.

Nach Confucius ist die kindliche Pietät[1] (Kō, chines. hiao, „Liebe zu den Eltern") die Grundlage aller anderen Tugenden. Er spricht dies aus, z. B. in seinem Werke „Daigaku" (chines. Ta-hioh), wo er sagt, „dafs er als Sohn festhielt an kindlicher Pietät[2]." Nach der Lehre des Confucius mufs ein Kind die Befehle seiner Eltern unter allen Umständen ausführen, gleichviel ob sie gut oder böse sind. Auch sollen die Kinder drei Jahre nach dem Tode des Vaters genau nach seinen Grundsätzen weiterleben also auch den Besitz unverändert erhalten. Im Ta-hioh finden wir ferner den Ausspruch: Als Fürst hielt er fest an der Humanität. Diese mufs man infolge dessen als weiteren Hauptfaktor aller Tugenden ansehen. Der Fürst, der seine Unterthanen nicht human behandelt, wird nach Ansicht des Confucius die Herrschaft über sein Land bad verlieren.

Die japanische Ethik weicht aber ab von den Principien des Confucius. So ist die Grundlage aller Tugenden die Liebe zum Kaiser (chū)[3] und dann folgt die kindliche Pietät.

> Wenn du geworden
> Von einem Mononofu
> Der Unterthane,
> Vollführ', was er gebietet,
> Als wär's Befehl des Kaisers.

(Bd. III S. 291.)

Aus den angeführten Gedichten geht hervor, dafs das japanische Volk die Liebe zum Kaiser schon damals höher stellte, als die Kindesliebe. Die Dichter hatten die Vorstellung, dafs der Kaiser nicht nur der oberste Herr, sondern auch der Vater des Volkes sei, dafs also das Verhältnis des Kaisers zum Volke dasselbe sei, wie das des Vaters zu seinen Kindern. Der Kaiser besitzt also nicht nur die Liebe des Volkes, wie sie dem Herrcher gebührt, sondern auch seine kindliche Zuneigung. Demgemäfs stellte man sich das japanische Volk als eine grofse Familie vor, dessen Oberhaupt der Kaiser war. Daraus ergab sich naturgemäfs, dafs man mehr Liebe zum Kaiser als zu den Eltern hegte, die doch eben nur zu der grofsen Familie gehörten, deren Oberhaupt der Kaiser ist.

Chū ist also die beste und erhabenste von allen anderen

---

[1] s. Kōkyo (chin. Hiao-king).
[2] Vgl. Rongo (chin. Lün-iü).
[3] Hirata sagt in seinem Werke Daidō-ikumon: „Auf der Erde ist die erste Tugend die Liebe zum Kaiser" und Dkada (1667—1744) in seinem Shingaku-shōdenki „Der Zusammenhang zwischen Fürst und Unterthanen ist die oberste Tugend".

Ideen und ist etwa in der metaphysischen Welt das, was die Sonne in der wirklichen ist. Der Begriff des Chū schliefst alle Voraussetzungen aus, insofern Chū unbedingten Wert hat und allen anderen erst Wert verleiht. Jeder der Chū besitzt, auch wenn er nichts von Kunst und Wissenschaft weifs, steht darum doch höher als der Gelehrte und Künstler. Kunst und Wissenschaft gelten nur als Helferinnen des Chū, das die leitende und mafsgebende Tugend ist. Jeder Staat, in dem diese Tugend herrscht, stellt eine vollendete harmonische Einheit, ein zusammenfassendes Abbild des sittlichen Einzellebens dar.

Während hinsichtlich der ethischen Ideen zwischen Japan und China, wie wir oben gesehen haben, ein wesentlicher Unterschied besteht, ist ihnen aber doch ein gewisser Konservativismus gemeinsam. Hirata (1776—1843) sagt in seinem Daidō-ikumon: „Seit den alten Zeiten hielt man in Japan an den alten Sitten fest." Und Confucius ist ebenso, wie er selbst so oft ausspricht, nur der Wiederverkünder der weisen Doktrin der Alten. So hat er auch häufig in seinen Werken die Verdienste der Vorfahren und den Wert ihrer Sitten rühmend hervorgehoben, wie wir das in gleicher Weise bei einigen Dichtern des Manyōshū hinsichtlich des japanischen Volkes finden. So z. B. begegnet man in Bd. I dem Ausspruch: „Die Alten haben jenen Berg schon erstiegen, also sollen wir ihn auch besteigen;" in Bd. VII: „Die Alten haben sich schon an dem Rauschen des Flusses ergötzt, also sollen wir es auch thun;" endlich in Bd. XVIII: „Es ist nicht vernünftig, dafs man das Alte vergifst und das Neue liebt." Während sich damals schon auf allen Gebieten die verändernden Einflüsse von China, Korea und Indien geltend machten, ersehen wir also aus den angeführten Beispielen, dafs die Vorfahren der heutigen Japaner schon sehr darauf bedacht waren, die eigene Nationalität zu pflegen und festzuhalten. Das Werk Kogoshūe, das der Shintoist Hironari im Jahre 801 n. Chr. herausgegeben hat, spiegelt den damaligen Konservativismus getreu wieder.

Man sagt gewöhnlich, dafs in allen Zeiten im ganzen Orient die Stellung der Frau eine völlig untergeordnete gewesen sei, dafs nur der Mann Rechte, dagegen die Frau nur Pflichten gehabt habe. Dies trifft jedoch im alten Japan nicht zu. Erst durch den Einflufs des Confucianismus[1] und Buddhismus[2] änderte sich das Verhältnis der Frau zum Manne zum Nachteile der ersteren.

---

[1] Confucius erwähnt einmal, dafs der Fürst Reïko (chines. Lingkung) mit seiner Gemahlin in einem Wagen zusammen gefahren sei und bemerkt dazu, dafs das der guten Sitte durchaus widersprochen habe (vgl. Rongo Buch 17).
[2] Nach buddhischer Anschauung gilt die Frau für eine Zauberin, vor der man sich hüten und die man unterdrücken soll.
[3] Vgl. Bd. XI S. 281 und 334.

In Europa und Amerika gilt die Ansicht, dafs Ungehorsam, Unfruchtbarkeit, Lasterhaftigkeit, Eifersucht, Aussatz oder andere ansteckende Krankheiten, Geschwätzigkeit und Hang zum Stehlen Scheidungsgründe im alten Japan waren. Diese Theorie war freilich von China herübergekommen, aber sie wurde nicht praktisch gehandhabt, wie ich aus einer Bemerkung, die Yakamochi (Bd. XVIII S. 366) zu einem Gedichte macht, beweisen möchte. Er sagt ausdrücklich, dafs man sich wegen der obengenannten Fehler von einer Frau nicht scheiden lassen darf und, wenn es doch geschieht, eine Strafe von 100 Stockschlägen über den Mann verhängt werden soll. An derselben Stelle erwähnt Yakamochi noch drei gesetzliche Bestimmungen über die Ehescheidung. Zunächst soll sie nicht stattfinden können, wenn die Eltern des Mannes gestorben sind. Ferner soll sie verboten sein, wenn beide Gatten bei der Verheiratung arm gewesen sind und erst später Vermögen erworben haben, und endlich, wenn die Frau ihre Familienangehörigen bereits alle durch den Tod verloren hat.

In einzelnen Gedichten des Manyōshū, welche die Gattenliebe besingen, finden wir den Ausdruck: „Imo-no-mikoto". Imo bedeutet Frau (zuweilen auch Schwester), mikoto ist eine Anrede für gleichgestellte oder höher gestellte Personen. Wir finden den Ausdruck mikoto auch noch in der Zusammensetzung mit Chichi = Vater und Haha = Mutter. Daraus geht deutlich hervor, dafs die Frau dieselbe Achtung des Mannes genofs, die Kinder den Eltern entgegenbrachten.

Mabuchi berichtet in seinem Nihimanabi (1765), dafs man in der alten Zeit mehr Ehrerbietung gegen die Mutter wie gegen den Vater gehabt habe. In demselben Werke spricht er auch von den Rechten der Frau. Der Frau standen bezüglich der Heirat der Kinder mehr Rechte zu, als dem Manne. So kam es unwillkürlich, dafs die Kinder mehr Achtung vor der Mutter[3], als vor dem Vater hatten. Eine Spur dieser Anschauung finde ich in der folgenden Strophe:

> Wenn wir so heimlich
> Uns weiter lieben müssen
> Mit heifsem Herzen,
> So werden wir vielleicht noch
> An unserer Liebe sterben.
>
> Darum hab' ich in Demut
> Die Mutter ich gebeten,
> Um gehen zu dürfen
> Mit dir vor allen Leuten. —
> Nun komm, wann's dich gelüstet.
>
> (Bd. XI S. 352.)

Mabuchi erwähnt in seinem Werke, dafs zur Nara-, also zur Manyōshū-Zeit die Frauen noch eben so tapfer und stark waren wie die Männer. Dafs sie jedenfalls die That des Mannes besafsen, ergiebt sich aus folgendem Gedicht:

> Ich wollte, dafs ich
> Die Kraft zu brechen hätte
> Ein Thor von Steinen
> Wie bin ich ach, so traurig,
> Dafs ich ein schwaches Weib nur!
> (Prinzessin Tamochi, Bd. III S. 321.)

Wir können also aus den vorhergehenden Betrachtungen entnehmen, dafs Chū die Grundlage aller Tugenden war, dafs man an der Nationalität festhielt und der Frau eine hohe Stellung einräumte. Diese drei Punkte werden in der Geschichte der japanischen Ethik zu berücksichtigen sein.

V.
Die philologischen Erscheinungen im Manyōshū.

Vor der Mayōshū-Zeit sprach man die ursprüngliche, reine japanische Sprache. Nach dieser Zeit war sie sehr mit der chinesischen vermischt. Die Manyōshū-Zeit war die Zeit der Reformation der Sprache; insofern ist sie sehr wertvoll für die Sprachforschung. Die beste Quelle dafür ist das Manyōshū selbst.

Der berühmte Sprachforscher Norinaga, der mit seinem Werke Kotoba-no tamanowo (1779) Epoche gemacht hat, legt seinen Forschungen zumeist das Manyōshū zu Grunde.

Gehen wir zunächst auf den Hauptunterschied zwischen der chinesischen und japanischen Sprache ein.

1. In China gab es keine Silben-, sondern nur eine Wortschrift und zwar in dem Sinne, dafs ein Zeichen ein ganzes und zwar ein einsilbiges Wort, einen Begriff bezeichnete.

2. Die Satzstellung ist im chinesischen: Subjekt, Verbum, Objekt, während im Japanischen das Verbum in der Regel dem Objekt folgt.

3. Das Japanische ist eine flektierende Sprache[1]; das Chinesische dagegen kennt keine Flexion, auch nicht einmal Agglutination.

4. Im Japanischen stehen die den Präpositionen der indoeuropäischen Sprachen entsprechenden Partikeln stets nach dem Substativum, im Chinesischen dagegen, mit Ausnahme der genitivischen Partikel, stets vor demselben. Das Japanische hat auch Partikeln für Nomitativ und Accusativ; das Chinesische dagegen nicht.

Bei meinen philologischen Forschungen im Manyōshū habe ich folgende Beispiele von Anwendungen des Chinesischen in der japanischen Ausdrucksweise gefunden.

1. Die chinesischen Schriftzeichen werden idiographisch

---

[1] Europäische Philologen sind der Ansicht, dafs das Japanische nur agglutinierende Sprache sei, was jedoch auf Irrtum beruht.

benützt, doch konnte man auf diese Weise die japanische Betonung nicht gut ausdrücken. Kurz, mit den chinesischen Zeichen[1] konnte man die japanische Ausdrucksweise nur unvollkommen wiedergeben.

2. Nicht nach der Bedeutung der chinesischen Zeichen, sondern nach dem Laut, also nach phonetischen Zeichen, hat man die japanischen zusammengestellt. Das ist allerdings eine langwierige und unbequeme Arbeit gewesen, weil die Chinesen für ein Wort nur ein Zeichen hatten und das Wort einsilbig war, während im Japanischen das Wort aus mehreren Silben zusammengesetzt ist.

3. Bei zusammengesetzten Worten kommt im Chinesischen stets ein anderer Sinn heraus als im Japanischen. Der Laut Chichi bedeutet im Chinesischen „Wissen und wissen" im Japanischen dagegen **Vater**, ein Beweis für die Schwierigkeit derartiger Arbeiten.

4. Viele japanische Worte werden durch mehrere chinesische Zeichen ausgedrückt, z. B. das japanische Wort „Kamisa-bi" bedeutet „endlos" oder „alt" und ist aus drei chinesischen Schriftzeichen zusammengesetzt, nämlich:

Kami = Gott,
sa = links,
bi = bereiten,

und zwar sind die beiden letzteren Worte sa und bi nur der Aussprache resp. des Klanges wegen zusammengestellt, um das japanische Wort sabi = Fortschritt wiederzugeben. Nur Kami (chinesische Aussprache **shin**) = Gott, hat in diesem Falle seine Grundbedeutung beibehalten.

5. Die damalige japanische Sprache war verhältnismäfsig biegsam, leicht, deutlich und einfach, während die altchnesische erhaben, knapp, hart, reichhaltig, und etwas unbestimmt war. So scheint es, dafs die alten Japaner nur mit grofser Schwierigkeit die chinesischen Zeichen einführen konnten.

6. Im Manyōshū aber kann man schon finden, dafs die Schreibart mehr japanisiert wurde, als die im Kojiki, wenn man das Verbum in den beiden Werken vergleicht.

Ferner könnten wir kaum die Verschiedenheiten der damaligen Dialekte kritisch beleuchten, wenn wir das Manyōshū nicht hätten; mit dem Manyōshū können wir hinsichtlich der Sprache wirklich die territoriale Gegenüberstellung von Nord-Ost = und Süd-West = Japan nachweisen. Da die Bewohner des nördlichen Teiles sehr wenig mit den anderen Nationen in Berührung kamen, so findet man dort ohne Zweifel die alte japanische Sprache, welche vor der Manyōshū-Zeit gesprochen wurde. Hier möchte ich mich mit den folgenden Beispielen begnügen:

---

[1] Vgl. die Vorrede zum Kojiki.

	Nordost	Südwest
a	Koyade	Koyeda (Zweig)
e	Ebi	Obi (Gürtel)
i	Tatani	Tatane (Steh!)
k	Takehasi	Tagahasi (nicht verschieden)
m	Umara	Ubara (wilde Rose)
o	Sumo	Sumu (wohnen)
s	Kashi	Kachi (zu Fufs)
u	Sakimuri	Sakimori (Soldat)
y	Oyasi	Onasi (gleich) u. s. w.

Die Erforschung ist sehr interessant, doch interessanter ist die Kritik und Nachweisung der Sprachentwicklung zwischen der Manyōshū- und Kokinshū[1]-Zeit, aber dieser kann ich hier leider keinen Platz einräumen und führe deshalb folgende Beispiele an:

	Manyō	Kokin
a	Tawayame	Tawoyame (junge Dame)
b	Sebaki	Semaki (eng)
d	Kokidaku	Kokibaku (mehrere)
h	Hadara	Madara (sprenklich)
i	Womina	Womna (Frau, Weib)
m	Himgashi	Higashi (Ost)
o	Sumerogi	Sumeragi (kaiserlich)
u	Nu	No (Wiese)

Auch wurde Sugi (nächst) zu Tsugi, Ushi (Herr) zu Nushi und von den Worten yu, yuri, yo und yori (Bedeutung = von) brauchte man zur Kokinshū-Zeit meistens nur yori. Ich denke, dafs die heutigen Philologen folgende Aufgaben haben, mit denen sie sich befassen sollen.

A. Wie drückten sich unsere Vorfahren mündlich aus, nachdem sie die chinesischen Zeichen aufgenommen hatten? — Hatten sie ein Nennwort, Verbum, Interjektion oder dergl. zuerst angewandt?

B. Das sogenannte Go-on (chin.: Wu-yim) kam mit dem Buddhismus zusammen nach Japan und das sogenannte Kan-on (chin.: Hang-yim) wurde mit der chinesischen Philosphie eingeführt. Welches On (Laut, Aussprache) wurde damals mehr populär als das andere? Und welches On pafste für die japanischen Zungen am besten?

C. Nach welchem Gesetze veränderte man die chinesischen Worte z. B. „Toku (Jugend), Tau (Schwert) und andere zu den japanischen Worten Toko, Tó u. A.?

D. Vor der Manyōshū-Zeit gab es in Japan nur die feinen und schwachen Worte (oder schwache Betonung) z. B. Ma, Mu, Re, Ro u. s. w., aber am Ende derselben Zeit erschienen die kurzen und knappen Worte mit stärkerer Betonung z. B. Pen, Ten, Kwai, Batsu u. s. w. Wie weit sind solche Veränderungen gegangen?

E. Wie weit ging man in dieser Zeit mit den chinesischen

---

[1] Kokinshū ist die erste kaiserliche Gedichtssammelung 905 n. Chr.

Bezeichnungen für Menschen, Tiere, Pflanzen u. s. w. Auf obengenannte Fragen und auch andere, giebt das Manyōshū als Hauptquelle Antwort.

Zum Schluſs möchte ich noch anführen, daſs nicht bloſs die chinesische Sprache nach Japan gekommen ist, sondern daſs man auch in China zwischen dem 8. und 9. Jahrhundert, die japanische benützte. Den Beweis habe ich in folgenden Werken gefunden:
1. Kwakurin-gyokuro von Radaikyō,
   a. Suzuri (der flache Stein, worauf Tusche mit Wasser zum Schreiben gerieben wird),
   b. Fude (Pinsel),
2. Shoshi-kwaiyō von Chōkiūreï (673—740),
   c. Yama (Berg),
   d. Tsuki (Mond) u. s. w.

VI.
Die geschichtlichen Erscheinungen im Manyōshū.

Man sagt, daſs die Litteratur denselben Inhalt und Umfang hat, wie die Geschichte. So spiegeln sich im Manyōshū die Ideen und Anschauungen der damaligen Zeit wieder, es ist also eine subjektive Geschichte. Da es feststeht, daſs die geschichtlichen Daten im Manyōshū mit groſser Genauigkeit angegeben sind, so kann man etwaige Fehler in den Geschichtswerken darnach korrigieren[1]. Das hat sich besonders bei den Berichten gezeigt, die wir in den Geschichtswerken über Reisen des Kaisers und der Kaiserin, die sie zum Besuche des Landes machten, finden, oder über Reisen der Botschafter nach China und Korea. Diese sind im Manyōshū weit richtiger und genauer festgestellt, als von den Geschichtschreibern. Auch andere Daten finden wir im Manyōshū genauer, als bei den Historikern. Z. B. folgendes:

---

[1] Schon Aristoteles sagt in seiner Poetik cap. 9, daſs die Poesie wahrer sei als die Geschichte. Das Studium des Manyōshū bestätigt diese Ansicht. Der Anfang der geschichtlichen Forschungen in Japan reicht zurück bis zum Jahre 402 n. Chr. Der damalige Kaiser Richū war der erste, welcher Beamte in die verschiedenen Provinzen ausschickte, um dort geschichtliche Forschungen durch sie anstellen zu lassen. Unter der Regierung der Kaiserin Suiko im Jahre 602 n. Chr. wurde zum erstenmal der Stoff zu einer Geschichte des gesamten japanischen Reiches gesammelt. Der Prinz Shōtoku (gest. 621) und der Minister Umako leiteten diese Arbeit. Diese Urkunden gingen aber leider zum gröſsten Teile durch einen Brand während eines Krieges zu Grunde. Im Jahre 682 n. Chr. befahl der Kaiser Temmu, dies Unternehmen zu wiederholen. Das erste geschichtliche Werk Kojiki wurde im Jahre 712 n. Chr. herausgegeben, das zweite Nihonshoki im Jahre 720 n. Chr.

Die Feindseligkeiten zwischen dem Kaiser Tenchi und seinem Bruder, dem Kaiser Tenmu, ebenso zwischen dem Kaiser Temnu und dem Sohne Tenchi, Kaiser Kōbun, finden wir in den Geschichtswerken genau dargestellt, doch erfahren wir ihre Ursachen erst aus dem Manyōshū. Die Ursache des Streites zwischen den beiden erstgenannten Kaisern, war die Prinzessin Nukada, zu der sie beide in Liebe entbrannt waren. Im Bd. I S. 31 befindet sich folgendes Gedicht, welches der Kaiser Tenmu als Antwort auf ein Gedicht der Prinzessin verfaſst hat.

> Du Purpurblume!
> Du denkst, daſs meine Seele
> Zu dir nicht neige?
> Ob eines anderen Liebste
> Du bist, dich lieb' ich herzlich.

Einige wichtige Thatsachen finden wir nur im Manyōshū verzeichnet. So enthält Bd. I S. 39 eine Schilderung der Zeit des Kaisers Tenchi, der als groſser Reformator dargestellt wird. Er wollte Gesetze und Erziehungswesen von Grund aus neuschaffen und sich auch eine neue Residenz gründen. Deshalb verlegte er seinen Wohnsitz von der Hauptstadt Asuka nach Otsu, einer ganz kleinen Stadt. Doch paſsten seine Bestrebungen noch nicht für die damalige Zeit, weil das Volk noch mit groſser Zähigkeit an seinen ursprünglichen und einfachen Gewohnheiten festhielt. Er konnte daher keine Popularität erringen. Folgendes Gedicht von Hitomaro kann man als Beweis dafür anführen:

> Seit Alters lebte
> Am Anemi der Kaiser,
> In seiner Groſsstadt
> Regierend. Warum weilt er
> Nunmehr im kleinen Ötsu?
>
> Der Hof des Kaisers
> Und der Palast, wo sind sie8
> Die Gräser wachsen
> Zu hoch, nicht sehen kann ich,
> Sie birgt der Thau es Frühling. (Bd. I S. 39.)

Der Kaiser Tenchi hat, wie die Geschichte lehrt, zuerst Nord-Ost-Japaner als Soldaten für den Süd-Westen des Landes anwerben lassen. Den Grund dafür finden wir im Manyōshū, wo die Bewohner des Nord-Ostens als sehr tapfer, vaterlandsliebend und dem Kaiser treu und ergeben charakterisiert werden. Näheres werde ich später darüber sagen.

Mabuchi erwähnt sie in seinem Werke Nihimanabi an einer Stelle des Manyōshū mit besonderem Lobe. Er behauptet, daſs in den alten Geschichtswerken einerseits vielfach wichtige Thatsachen übergangen, anderseits Zusätze gemacht worden seien, die unhistorisch sind und daſs sich besonders viele Fehler in den Biographien groſser Männer finden. Dies alles

VII.
Geographisches im Manyōshū.

Für die Entwicklung der Eigentümlichkeiten einer Nation ist jedenfalls aufser der natürlichen Vererbung gewisser Anlagen die geographische Lage des Landes von grofser Wichtigkeit, also Klima, Bodenbeschaffenheit, Lage in einsamen Gegenden oder an verkehrsreichen Strafsen. Die Naturschönheiten werden jedenfalls auf die Entwicklung der poetischen Anschauung und die Begabung von grofsem Einflusse sein. Dafs dies auch bei den alten Japanern der Fall war, beweisen folgende Beispiele aus dem Manyōshū.

Der Berg Fusi ist von so erhabener Schönheit, dafs sich ein berühmter Maler vor etwa 200 Jahren aufser Stande fühlte, ein ebenbürtiges Gemälde davon zu schaffen, und ein ebenso berühmter Dichter keine Worte fand, um die wunderbaren Schönheiten des Berges würdig zu besingen. Wie haben das dagegen die Dichter des Manyōshū verstanden! — Im Bd. III S. 265 steht folgendes Geeicht:

> Es steht inmitten
> Von Suruga und Kahi
> Der hehre Fusi.
> Kein Vogel kann zum Gipfel,
> Hinüber keine Wolke.
>
> Es löscht die Gottheit
> Durch Schnee die Feuerlohe,
> Und läfst im Feuer
> Den Schnee, der fiel, zerschmelzen.
> Welch' Wunder schafft der Berggott!
>
> Der Berg umarmet
> Die Meerfluth, „Se" geheifsen,
> Und Fusi nennt man
> Das Wasser, das da wallet
> Und strömt vom heil'gen Berge.
>
> Sei stets der Berggott
> Schutzheiliger von Japan!
> Sei unser Kleinod
> Der Berg! Seid niemals müde,
> Den heil'gen zu betrachten.

Ebenso wurde der Flufs Yoshino mit seinen Ufern, wegen der grofsen landschaftlicaen Schönheit viel besungen. Im Frühling pries man die Blumen, die man an seinen Ufern pflückte nnd im Herbst das Vergnügen, welches die Wasserfahrten auf ihm bereiteten. Dorthin zog es auch den Kaiser Tenmu als Kronprinzen, als er mit dem Kaiser Tenchi in Fehde

lag. Ein Gedicht von ihm schildert seine Begeisterung für die viel gepriesene Lendschaft.
Im Bd. I S. 36 finden wir:

> Hochhielten vormals
> Den Gutberg[1] gute Menschen
> Gut war die Meinung.
> Drum sucht auch gut zu sehen
> Den Berg, gleich jenen Alten.

Auch seine Gemahlin, die Kaiserin Jitō, die eine grofse Verehrerin der Dichtkunst und selbst eine namhafte Dichterin war, hielt sich gern an jenem Flusse auf, obwohl die Reise von der Hauptstadt dorthin sehr beschwerlich war. Hitomaro, der die Kaiserin dorthin begleitet hatte, verewigte seine Eindrücke in folgendem Gedicht, Bd. I S. 45:

> Noch mehr zum Gotte
> Will unser Kaiser werden.
> Drum baut inmitten
> Der Flüsse den Palast er,
> Die rings den Hof umströmen.
>
> Wenn fern vom Hofe
> Er um sich sieht, so schenkt ihm
> Der Gott des Berges
> Im Lenz als Huldigung Blumen,
> Im Herbste bunte Blätter.
>
> Der Gott der Flüsse
> Fischt für den Tisch des Kaisers
> Im obren Laufe
> Des Abends mit Fischreihern
> Im unteren früh mit Netzen.
>
> Wie wunderwürdig
> Wie herrlich ist die Zeit jetzt!
> Die Unterthanen
> Verehren unsern Kaiser
> Und auch die hohen Götter.

In Florenz, „Dichtergrüfse aus dem Osten", finden wir noch folgendes Gedicht über den Flufs:

> Ihr weifsen Wogen
> Die ihr donnernd entstürzt
> Miyoshinos[2] Fälle
> Könnt' ich der fernen
> Geliebten euch zeigen!   (Bd. XIII S. 137.)

Auch über die Schiffahrt der damaligen Zeit bringt das Manyōshū Aufklärung. Es gab bereits die Segelschiffahrt, doch waren die Einrichtungen der Schiffe noch sehr primitiv

---

[1] Yoshino-yama ist ein Berg in der Nähe des Flusses.
[2] Miyoshino = Yoshino.
[3] Aus der ältesten japanischen Reisebeschreibung von Hakutoko geht die Beschwerlichkeit und Langwierigkeit dieser Fahrt deutlich hervor. Am 3. Juli 659 reiste er von Nahiwa (jetzt Ōsaka) ab und kam am 11. August auf der Insel Kiūshū in Ōtsu an. Von dort konnte

und die Seereisen deshalb sehr gefährlich. Eine Fahrt nach China oder Korea[3] galt mehr oder weniger als Abschied fürs Leben und liefs die Angehörigen in grofser Sorge und Betrübnis zurück. Man betete zu Gott um glückliche Wiederkehr. Folgendes Gedicht (Bd. IX S. 64) hat ein Freund dem andern, welcher nach China als Beamter ging, gewidmet:

> Lang und gefährlich
> Wird dauern deine Reise.
> Zu welchem Gotte
> Des Meeres soll ich beten
> Um Heimkehr, schnell und glücklich.

Das nächste Gedicht hat eine Mutter für ihren Sohn gedichtet, der die Reise nach China machte, Bd. IX S. 69.

> Es fährt nach China
> Mein einziger Sohn, schon morgen.
> Du Storch da droben,
> Bei Frost und kalten Winden
> Wärm' ihn mit deinen Flügeln!

Der Weg nach China war, wie sich aus dem Manyōshū ergiebt, damals folgender. Man berührte die nachstehend genannten Stationen:

Provinz Settsu: Naniwa, Minume, Muko.
- Harima: Fujie, Kako, Inami, Muro, Ieshima.
- Bizen: Tamanoura, Koijma, Ushimato.
- Bicchū: Kamishima.
- Bingo: Tomonoura, Nagaiura.
- Izumo: Ouura.
- Aki: Kasahaya, Nagato.
- Suō: Mariu, Ōshima, Kumage, Yaha.
- Chikuzen: Shiga, Aratsu, Shima, Woka, Karanoura, Nokonoura, Kashii.
- Buzen: Chika, Matsura.

Insel Iki: Iwata.
- Ttushima: Asaji, Chikufu.

Unter den obengenannten Stationen war Naniwa (jetzt Ōsaka) eine der berühmtesten und besten Hafenstädte. Damals gab es in Shiga in der Provinz Chikuzen ein grofses Amtshaus, dessen Name Chikushikwan hiefs. Komasima-noumaya in Matsuura in der Provinz Hizen war eine Station, welche die damaligen Reisenden nach China oder Korea bestimmt passiert haben. Der Hafen Minume war früher (ein Gedicht sagt: „seit dem göttlichen Altertum birgt er 100 Schiffe"), bedeutend, während er jetzt zurückgegangen ist.

Es wird im Nihongi berichtet, dafs man viel Kamelliaessenz nach fremden Ländern exportierte, und aus dem Manyōshū erfahren wir, dafs in der Regierungszeit der Kaiserin

---

er erst am 13. September weiter nach Korea segeln, weil es an günstigem Winde fehlte. Also brauchte er von Japan nach Korea 70 Tage, während jetzt nur 2 oder 3 Tage erforderlich sind.

Zitō (sie regierte vom Jahre 687 bis 696 n. Chr.) diese Bäume in der Provinz Kii wucherten. Ebenso kann man aus dem Manyōshū beweisen, dafs der sogenannte Kibiwein ein sehr feines Produkt gewesen ist. Im Bd. III S. 278 giebt ein Vers die Kunde: „die Watte aus Tsukushi (jetzt Insel Kiūshū) hält warm". Demnach kann man annehmen, wenn man die in Nihongi stehenden Worte liest: „Von Dazai (in Kiūshū) sandte man 20 000 Ton Watte nach dem kaiserlichen Vorratshause", dafs die Watte von Kiūshū nach allen Provinzen des Reiches exportiert wurde.

Es exportierten ferner nach meinen Untersuchungen: Gold die Provinz Mutsu, Silber die Insel Tsushima, Eisen die Provinz Kibi und Kotsuke, Kohlen die Provinz Echigo, Salz die Provinz Harima, Hölzer zum Schiffsbau die Provinzen Sagami, Hida, Yamashiro und Izu, Haliotis die Provinz Kii, Farbe die Provinz Settsu, Faden die Provinz Kawati, Leinwand die Provinzen Hitachi und Musashi, Hanf die Provinzen Kōtsuke und Hitachi, Bogen die Provinzen Kai und Schinano, Pferde die Provinz Hida.

Auch über die sonstige landwirtschaftliche Thätigkeit in der damaligen Zeit belehrt uns das Manyōshū. Die Maulbeerbaum- und Lackbaumpflanzungen vermehrte man auf Befehl des damaligen Kaisers Shōmu aufserordentlich, da die Produkte derselben schon im Altertume als unsere Hauptprodukte geachtet wurden. Wenn man die Worte liest „die Maulbeerbäume, woran meine Mutter arbeitet", „der Seidenwurm, den meine liebste Mutter ernährt", kann man daraus schliefsen, dafs besonders Frauen sich mit der Seidenindustrie beschäftigten. Wie der Reis, der Weizen, die Hirse, das panicum frumentaceum und die Bohne noch jetzt unsere Hauptnahrung bilden, so wurden sie auch damals schon in allen Provinzen fleifsig angebaut.

VIII.

Die Hinweise des Manyōshū auf Mode und Sitten.

Kein Maler kann die Menschen in der Manyōshū-Zeit malen, wenn er keine Ahnung von den damaligen Kleidern und Haartrachten hat. Ebenso geht es den Archäologen oder Kulturhistorikern: Wenn sie keine Kenntnisse von dem gesellschaftlichen Verkehr, dem Verhältniss der Familien untereinander, oder zwischen Mann und Frau, von der Musik, den Vergnügungen, kurz, der Sitte oder Gewohnheit haben, gehen sie des Rechts verlustig, darüber zu schreiben oder diese Verhältnisse zu kritisieren. Wer dergleichen beabsichtigt, möge zuerst das Manōyshū lesen, um sich von diesem belehren zu lassen. Natürlich müssen sie aufserdem gleichzeitig auch geschichtliche Werke, wie Kojiki und Nihongi zu Rate ziehen, um einen genaueren Einblick zu gewinnen; doch werden sie das Manyōshū stets befragen müssen, um an seiner Hand die geschichtlichen Überlieferungen prüfen zu können. So habe ich es selbst gehalten und u. A. Folgendes festgestellt:

1. Die Form des Haares.

Das drei- oder vierjährige Kind trug das sogenannte Fukasogi, d. h. ganz kurz geschnittenes Haar; das sieben- oder achtjährige das sogenannte Furiwakegami oder Hanachigami, eine Haartracht, bei der man die Haare in der Höhe der Augenbrauen kürzte und sie nach links und rechts herabfallen liefs. Das zwölf- oder dreizehnjährige Mädchen trug das sogenannte Hanekatsura als Haarschmuck, ohne ihr Haar zu schneiden. Es war das indessen keine Notwendigkeit; denn andere Mädchen liefsen bis zum vierzehnten oder fünfzehnten Jahre das Haar auch so lang, wie die Natur es erlaubte, herabhängen und befestigten es erst dann mit Haarnadeln oder Kämmen am Haupte selbst.

Nach ihrer Ansicht war das schwarze Haar das schönste und das blonde galt nichts. Zum Aufbinden des Haares brauchten sie vielfach auch ein weifses Stirnband als Haarschmuck und zwar (Frauen wie Männer) weifse Perlen. Eine Zeit lang trug man auch statt der weifsen purpurrote Stirnbänder.

In der Gesellschaft trugen beide Geschlechter entweder Hüte oder Mützen, die sie auf der rechten oder linken Seite mit Blumen, Gräsern oder farbigen Blättern schmückten. Schon damals waren die Blüten der gefülltblühenden Kirschen- und Pflaumenbäume sehr beliebt.

Ein Verschneiden des Barthaares war nicht üblich bei den Shintoisten, während die Buddhisten ihre Haare so glatt abzuschneiden und zu rasieren pflegten, dafs die Köpfe den Eindruck blanker Kegelkugeln machten.

2. Die Kleidung.

In der höchsten Klasse trug man meist ein rotes Kleid mit weifsen Ärmeln und zwar beide Geschlechter und aus dem Ausdrucke „die langhinlaufende" kann man schliefsen, dafs die Frauen ihre Kleider ebenso lang nachschleppen liefsen, wie es die europäischen Damen heute thun. In den niederen Klassen trug man das sogenannte Tsurubani-goromo, d. h. ein Kleid, das mit der Farbe der Eichelfrüchte gefärbt wurde, oder ein Hanfkleid mit einem grünen Gurt. Die Hausdiener oder Dienstmädchen kleideten sich in schwarz und dieselbe

Farbe trug die Mehrzahl der Buddhisten und Buddhistinnen. Die Winterkleider und Nachtkleider waren durchweg aus weißem Seiden- oder Baumwollenstoff und als Zeichen der Trauer wurde das weiße Hanfkleid gebraucht. Das Jägerkleid wurde zuerst aus Wolle oder Leder gemacht, später aber auch aus Seide.

Mabuchi sagte: „In der alten Zeit stand die Färberei noch nicht hoch und deshalb trug man als das schönste Kleid das Surigomoro". Dies ist nämlich ein Obergewand, welches nach Chikage auf die Weise gefärbt wurde, daß man die Farbe auf Papier rieb und dann auf Stoff übertrug. Die bekanntesten Färbstoffe waren Lespedeza, Camellia japanica, Safflor, Veilchen, Commelyna communis, Carex, Iris laevigata etc., hauptsächlich aber Indigo. Da die Fäden eines solchen Kleides nicht vor dem Weben gefärbt wurden, so ging die Farbe aus, sobald Feuchtigkeit daran kam. Daher verglich man öfters eine oberflächliche Liebe mit einem solchen Kleide.

Es wirkt sehr komisch, wenn man liest, daß man sich beim Abschiede von einander Kleiderärmel zum Andenken verehrte und nicht minder interessant ist es, daß Mann und Frau ihre Alltagskleider von einander borgen und abwechselnd tragen konnten. Im Manyōshū steht der Vers: „Auf der Reise kann ich leider von keiner Dame Kleider borgen", was dadurch noch verständlicher wird, daß zweifellos Hemden gemeint sind.

3. Hausrat und Schmuck.

Zu Beginn der Manyōshū-Zeit war das Leben ganz einfach und selbst die kaiserlichen Hofgebäude oder Paläste waren niedrig und bestanden nur aus Gras, Holz, unbearbeitetem Stein und Eisen. Auf der Reise traf man keine Gasthäuser an, so daß der Reisende Decken und Reisekost mit sich führen und sich abends selber ein Grashäuschen zum Übernachten bauen mußte. Seit der Zeit aber, da Japan mit China zu verkehren begann, hatten wir bald eine Anzahl bequemer Gasthäuser, doch waren sie nur für die Chinareisenden und die chinesischen Botschafter oder ihre Unterbeamten bestimmt. Deshalb redet das Manyōshū von Schwierigkeiten, die man auf der Reise mit dem Essen hatte, und wie schlecht man mitunter geschlafen habe.

Welche Möbel man als Hausschmuck verwandte, konnte ich nach dem Manyōshū nicht feststellen, dagegen fand ich, daß als Geschenke zwischen Eltern und Kindern, Frauen und Männern, Spiegel, Perlen, Edelsteine, Kissen etc. zunächst bevorzugt wurden.

>   ...... Den Spiegel und den
>   Schleier hier,
>   Den Mütterlein mir jüngst
>   Bescheert
>   Beim Abschiednehmen, geb'
>   Ich dir:
>   Geh' hin, und kauf dafür ein
>   Pferd!   (Bd. XIII S. 200.)

Wie die Perle schon in den ältesten Zeiten geschätzt worden war, ebenso wie Spiegel und Schwert (man sagt: die drei sind in Japan die kostbarsten Schätze), so hat man sie schon damals für den besten oder schönsten Schmuck gehalten, wozu auch der Umstand viel beitrug, daſs der Buddhismus gleichfalls die Perlen schon hoch hielt. Oft findet man die Verse: „Wohl liebt der Meergott seine Edelsteine". „Ein Kind, so schön wie eine Perle". „Eine Dame, so beliebt wie Edelsteine". Kissen wurden als Zeichen der Liebe gedacht und vertraten vielleicht die Stelle, welche heute die Fingerringe als Geschenke einnehmen.

4. Die gesellschaftlichen Beziehungen.

Ein Geschichtsbuch erzählt: „Die Kaiserin Kwōmyō eröffnete die sogenannte Imakō (eine buddhistische Gesellschaft), in der auch auf chinesischen und koreanischen Instrumenten musiziert wurde." In das Manyōshū Bd. XVI S. 164 ist folgendes Gedicht aufgenommen, welches ein Buddhist, auf eine japanische Harfe geschrieben hatte:

>   Einmal gezwungen
>   In dieser Welt zu leben,
>   Die Schmerz und Hemmnis
>   Mehr beut, als Lust und Förderung,
>   Den Weg zum Heil verfehl' ich.

Hieraus darf man schlieſsen, daſs die Musik und der Buddhismus einander näher getreten sind und damit die alten fröhlichen und weltlichen japanischen Melodien allmählich einen dementsprechend ernsteren, religiösen Charakter angenommen haben.

Die öffentlichen Gesellschaften wurden am meisten von Herren besucht, während die Privatgesellschaften als Mitglieder oder Gäste sowohl Männer als Frauen hatten und natürlicher Weise beide Geschlechter in Konzerten und Tanzbelustigungen vereinigten. Zu den Festen lud man gern Tänzerinnen und Sängerinnen ein, die durch ihre Kunst die Anwesenden ergötzten. Ihre Lieder stehen im Manyōshū verzeichnet. Zu den Vergnügungen gehörten in erster Linie auch die sogen. Kraftspiele, wie Wettlaufen, Rudern und Ballspielen.

5. Familie.

In der Familie herrschte Harmonie und Freundlichkeit. Wenn in der Verwandtschaft Hochzeiten, Geburten, Trauerfälle u. s. w. vorkamen, versammelten sich in allen solchen Fällen die ganzen Verwandten, auch entfernteren Grades. Dadurch entstanden oft Verlobungen und Heiraten zwischen Verwandten; solche Vorkommnisse sind im Manyōshū häufig erwähnt. Schon in diesen Zeiten hatten die Geschwister kein gleiches Recht, d. h. die jüngeren mußten den älteren folgen und achtungsvoll gegen sie sein. Unsere Vorfahren verehrten Ahnen, wie wir es heute mit den unsrigen thun. So steht im Bd. III S. 297 ein Gedicht, dessen Titel sich „Das Fest zu Ehren der Vorfahren der Familie Ōtomo" nennt. Dies Gedicht schrieb im November 733 n. Chr. Sakanoue (Ōtomo). Das Erinnerungsfest an den Todestagen der Vorfahren vergleicht man am besten mit den heutigen europäischen sogen. Jubiläumstagen.

Seit der alten Zeit haben die Dichter, Historiker, Archäologen und Grammatiker das Manyōshū für ein Buch gehalten, welches sie unter allen Umständen lesen müßten, während die heutigen Philosophen, Religionslehrer, Pädagogen und Künstler dieses Werk als eine Gedichtsammlung ansehen und es aus diesem Grunde lesen. Sie denken dabei vielleicht, daß dies ein ganz interessantes Reich sei, lesen es aber nicht mit dem Herzen und können es aus diesem Grunde auch nicht verstehen und lieb gewinnen. Nur wer sich lebhaft dafür interessiert und es dementsprechend oft und mit Verständnis liest, wird mehr und mehr den hohen Wert entdecken, den ich ihm, wie meine Ausführungen zeigen, zuerkennen muß.

Da das Manyōschū eine Schatzkammer ist, welche die alten Dichter durchweg mit ungekünstelten, ursprünglichen Gedanken bereicherten, so ist es ein treues Abbild des Fühlens und Denkens der damals lebenden vier Millionen Japaner, ein wahres Kompendium der Volkspsychologie von so unschätzbarem Werte, daß es wahrlich kaum nötig gewesen wäre, so viel Worte darüber zu sagen.

IX.
Überblick über die Gedichte.

„In den alten Gedichten herrschen die erhabenen und offenen Charaktere. Die ersteren repräsentieren das Hervorragende, die letzteren das Männliche."

Dieser Lobspruch über die Manyōshū-Gedichte wurde von Mabuchi ausgesprochen, welcher einer der besten Kenner des

Werkes war; er hat damit alles so kurz und gut charakterisiert, dafs ich nichts weiteres hinzuzufügen brauchte. Trotzdem wage ich es, auch meine Anschauungen den Lesern bekannt zu geben.

Ich habe nicht den Mut, denjenigen Leuten meine Kritik über die Gedichte aufzudrängen, welche dieses Werk überhaupt noch nicht gelesen haben oder es noch nicht gut verstehen können, denn sie könnten leicht denken, dafs ich es weit über seinen Wert hinausgeschätzt oder auch, dafs ich nicht ernstlich kritisiert habe. Vielleicht habe ich wirklich eine zu grofse Vorliebe für das Werk, aber die Ursache dieser Vorliebe ist doch das Werk selbst!

Da die Dichter und Dichterinnen im Manyōshū den verschiedensten Klassen, vom Kaiser bis zum Arbeiter angehörten, so ist auch der Inhalt, die Form und der Stoff sehr verschieden. Wie man aber auch bei sonst ganz verschiedenen Völkern stets einige gemeinsame Charaktereigenschaften finden kann, so findet man dieselben auch bei den Dichtern des Manyōshū.

Welches sind nun solche gemeinsamen Eigenschaften im Manyōshū?

Ich möchte hierauf einige Kritiker des Manyōshū selbst antworten lassen.

1. Harumi (1740—1811) sagt: Die Gedichte gleichen den Blumen, welche im Felde oder auf Bergen durch Thau glänzend gemacht wurden; sie geben sich ungekünstelt wie die Natur. Sie gleichen darin harmlos spielenden, unschuldigen Kindern (Utagatari).

Kageki (1770—1843) sagt: Im Winter sagt jeder: „Mir ist es kalt." Mit derselben Offenherzigkeit offenbaren diese alten Gedichte ihre Gefühle.

Beide Kritiker wollen meines Erachtens sagen, dafs die alten Gedichte nicht künstlich, sondern naturwahr seien. Das Schöne ist im Manyōshū nicht das künstlerisch Vollendete, sondern der Ausflufs des inneren reinen Menschengefühls. Die alten Dichter hatten meistenteils durchaus nicht die Absicht, durch wunderbare Leistungen vor der Welt zu glänzen und überhaupt keine Ahnung von dem Wesen des Gedichts. Nur das innere „Vermögen", die Freude am Einfachen, Reinen und Ursprünglichen und äufsere „Reize", wie Landschaft, Vögel, Blumen u. a. erweckten in den alten Dichtern die Lust, sie zu besingen.

Damals gab es natürlicherweise noch gar keinen Dichter von Prefession oder gar solche, die von der Dichtkunst lebten. Das Dichten war ein schönes Spiel oder ein ästhetisches Bedürfnis. Wem es heifs ums Herz war, der dichtete Liebeslieder, wer auf einen grünen Berg stieg und ihn schön fand, machte ein Gedicht auf ihn, das so naturfrisch wie der Berg selbst war. Man überlegte, verbesserte und feilte nicht lange, sondern hielt es für genügend, seinen Gefühlen überhaupt Ausdruck zu geben. Deshalb scheinen uns zuweilen die Gedichte der berühmten Dichter Hitomaro und Akahito fast zu kindlich und wir denken wohl, solche einfache Dichtungen selbst leicht hervorbringen zu können. Wir täuschen uns da sehr, denn das Schöne an einem Dichterwerke is nicht das Künstliche, sondern das Natürliche, und nur die geborenen Dichter sind die echten.

2. Mabuchi sagt: Die Leser werden nie sexuell erregt, wenn sie die Liebeslieder im Manyōshū lesen, sondern nur Bewunderung erfüllt sie, weil sie durch die Lauterkeit und Innigkeit der Gedichte ergriffen werden (Nihimanabi).

Mitsue (1768—1823) urteilt: Es entspricht nicht der alten Dichtungsmethode, dafs die in den Gedichten ausgedrückten Gedanken oder Gefühle andere sind, als die wirklichen der Verfasser (Utabukuro).

Und Toyama, der Professor an der Universität Tōkyō, sagt: Die Gedichte enthalten nur Wahrheit, nur die innersten Empfindungen der Dichter. Er wählt das Gleichnis: „Kein Wasser, sondern Alkohol, also Heifsblut." — Deshalb wirken sie auf den Leser so majestätisch und tragisch, dafs er sich gepackt und hingezogen fühlt zu hoher Bewunderung (Teïkokubungaku).

Die heutigen subjektiv-idealistischen Ästhetiker behaupten, dafs das Schöne rein subjektiv, ein ausschiefsliches Produkt des Subjektes und seiner geistigen Anlagen und Fähigkeiten sei. Obwohl ich diesen Ästhetikern nicht gewogen bin, leugne ich doch nicht, dafs auch das Manyōshū eine Art Beleg für diese Behauptung bringt. Man sehe, wie subjektiv gestimmt die Kunstwerke seiner Dichter sind. Sie haben nichts ausgesprochen, was ihren Anlagen und Fähigkeiten widersprach. So sind denn auch die Manyōshū-Gedichte meistenteils lyrisch. Nach Herbart ist die wichtigste der Kunstlehren die Moralphilosophie, welche das sittlich Schöne behandelt, und das sittlich Schöne ist das Schönste unter allem Schönen. Lese man dies Werk und man wird hierdurch dieser Auffassung gewogen werden. Die schönen Gedichte des Manyōshū sind meist ebenso sittlich, wie poetisch schön und ihr Inhalt zeigt, durchweg jene Treue und Auftichtigkeit, die man als „sittlich" anzusehen pflegt. Man kann aber auch sagen: Die Schönheit kann nicht immer wahr sein, oder die Wahrheit nicht immer schön; doch alles Sittliche, wie es sich auch äufsern mag, ist zugleich auch schön z. B. Liebe, Wohlwollen, Edelmut u. s. w. So liebe ich denn auch Gedichte, welche inhaltlich Wahrheit und Schönheit zu vereinen wissen, weit mehr als die nur formal schönen.

Im Schönen mufs die Seele der Menschheit zum Ausdruck

kommen, wie es im Manyōshū geschieht, und nur unter dieser Bedingung wird die von Schiller behauptete ästhetische Erziehung der Menschheit möglich. Ich halte daher ein gedankenvolles Gedicht, welches sittliche wie poetische Schönheit vereinigt, für das schönste und überlasse es anderen, die heutigen, angeblich „schönlitterarischen" Werke, in denen es an ungesunden und unsittlichen Ausdrücken und Gedanken nirgends zu mangeln pflegt, zu rühmen und schön zu finden. Das „Mi", „Ma", „Masa" und „Sane" („wahr" oder „rein") im Manyōshū sind bei der heutigen Dichterwelt nur selten anzutreffen.

3. Harumi sagt: Der Sprachbau ist stark und kräftig (mit einigen Ausnahmen) und ihre Gedanken (Ideale der Dichter) sind hoch (Utagatari).

Kageki sagt: Es giebt nur das Edle wieder (Shingaku-iken).

Das heifst, im Werke ist die Idee des Erhabenen vorherrschend, weil ihm das Starke, Prächtige, Hohe und Edle sehr nahe verwandt, gleichsam die Elemente des Erhabenen sind. So kommen sehr oft die nachstehenden Ausdrücke als Adjektive vor: ama (himmlisch), Taka (hoch), kami oder kam (Gott), hiro (breit), itsu oder izu (majestätisch, fürchterlich), ō (grofs), tōtsu (fern oder weit), iya oder ya (mehr und mehr, endlos), ho (stattlich, vorzüglich) u. a.

Mabuchi und seine Schüler heben mit Recht den männlichen und kräftigen Zug hervor, der durch die Gedichte weht und dem Werke den Stempel des Erhabenen aufdrückt.

Die Ideale der alten Dichter sind vornehm und hoch, wenn sie geradezu das Höchste und Vollkommenste in der menschlichen Geistesentwicklung waren. Ihr Denken war der einfachen Wahrheit zugewandt, ihr Wollen gut und ihr Fühlen schön. Sie urteilten meist vernünftig und die Auffassung Schellings, dafs die Kunst die Offenbarung aller Geheimnisse sei, pafst auf sie und ihre Gedichte. Solche Ideale, solches Denken, Wollen und Fühlen wurde ihnen von ihren Vorfahren vererbt, doch haben ihnen die schönen Ideen der Ausländer nicht minder reiche Nahrung zugeführt. Besonders waren es die Sittenlehre des Confucius, welche Lied oder Musik für eines der wichtigsten Erziehungsmittel[1] hielt, und der Buddhismus, die ihnen die Kenntnis der herrlichen, imponierenden, ebenso wie der zierlichen, anmutsvollen plastischen Künste gebracht haben.

Es erübrigt noch, einen Blick auf die Form — Wortklang und Sprachbau — zu werfen. Da ich aber in einem anderen Buche diesen Stoff ausführlicher behandeln will, so werde ich mich hier auf einige kurze Bemerkungen beschränken.

---

[1] Vgl. z. B. Rongo (chin. Lün-iü) VIII, 8; XVII, 4.

Chōmeï (1153—1210) sagt: Bis zur Manyōshū-Zeit begnügten sich die Dichter damit, ihre eigenen Gefühle auszudrücken, ohne die Worte sorglich auszuwählen. Sie legten also noch keinen Wert auf Sprachbau und Wortklang (Mumeïshō).

Ferner sagt Mabuchi: Im Werke stehen auch unfeine Gedichte und Worte (Nihimanabi).

Und endlich Kageki: Die alten berühmten Dichter hielten sich manchmal nicht fern von niedrigeren Formen (Shogakuiken).

Der Inhalt überwog damals stets die Form und die alten Dichter fühlten, ohne genau das Wesen der Dichtkunst zu kennen, schon heraus, daſs es in der Poesie so sein muſs. Deshalb haben die Dichter damals auch schon öfters in der Umgangssprache gedichtet, und dadurch erschienen die beiden Sprachen, die Gedichts- und Umgangssprache, nicht so weit voneinander getrennt, wie in der späteren Zeit. Man setzte sich noch nicht der Gefahr aus, im Streben nach formaler Schönheit des Versbaues sich so sehr in formalistische Spielereien zu verlieren, daſs die Poesie dabei abhanden käme, wie es die späteren Dichter in Japan zu ihrem Schaden hielten.

Es wäre übrigens ungerecht, an der Form der alten Gedichte eine zu strenge Kritik üben zu wollen, da im Werke ja vielfach die alte gewöhnliche Umgangs- oder Bauernsprache benutzt wird. Im Gegenteil sollte man anerkennen, daſs mit so viel geringeren Hilfsmitteln als jetzt so hohe Ideale und schöne Gedanken ausgedrückt werden konnten. Man darf ebensowenig die heutige Gesangsweise als Richtschnur zur Beurteilung alter Melodien annehmen. Wortklang und Sprachbau sind ja auch nur relativ, d. h. im Vergleich mit den heutigen, nicht im absoluten Sinne als mangelhaft zu bezeichnen.

Die poetische Wirkung hängt zunächst vom Sinn der Worte ab und die schöne Sprache oder ihr Vortrag haben nur einen untergeordneten Wert Das Darstelluugsmittel der Dichtkunst ist, wie Hartmann sagt, wesentlich und ausschlieſslich der „Phantasieschein". Die Sprache dagegen ist nicht Mittel, sondern nur Vehikel (aber es ist auch zugleich ein notwendiges, unentbehrliches Vehikel) oder technisches Hilfrmittel für das Zustandekommen des poetischen Phantasiescheines.

In formaler Hinsicht teilt man die Gedichte das Manyōshū in die folgenden vier Gruppen:

1. Tan-ka (auf deutsch „Kurzgedicht").

Diese Gedichtform ist im Werke in mehr als 4000 Stücken vertreten. Diese enthalten nur 31 Silben[1] und beginnen mit 5 und enden mit 7 Silben.

Das Schema ist 57,577. oder 575,77.

5.	I	ni	shi	he	no	
7.	Na	na	no	ka	shi	ko	ki
5.	Hi	to	bi	to	mo	
7.	Ho	ri	su	ru	mo	no	ha
8[1].	Sa	ke	ni	shi	a[1]	ru	ra	shi.

(Bd. III S. 279.)

2. Sedō-ka (auf deutsch „ein den Kopf wieder umwendendes Gedicht").

Im Kojiki giebt es das sogenannte Kata-uta, welches etwa mit „Halbgedicht" übersetzt werden kann und nur 5-7-7, zusammen also 19 Silben enthält. In der Manyōshū-Zeit wurde dieses kurze Versmafs ausgebaut und die Gedichte bis zu 38 Silben, also um das Doppelte vermehrt. Sie enthielten nun 5-7-7, 5-7-7. und später 5-7-5, 5-7-7 oder 5-7-5, 7-7. Silben.

5.		Shi	ra	ta	ma	ha
7.	Hi	to	ni	shi	ra	re	su
7.	Shi	ra	su	to	mo	yo	shi
5.	Shi	ra	su	to	mo	
7.	Wa	re	shi	shi	re	ra	ba
7.	Shi	ra	su	to	mo	yo	shi

(Bd. VI S. 177.)

3. Naga-uta („Langgedicht").

Der erste Vers enthält 5 Silben und der letzte 7, also 5-7, 5-7. 5-7 ... 5-7-7, es wurde in der späteren Zeit aber etwas anders gestaltet, nämlich: 5, 7-5, 7-5, 7-5 ... .. 7-7.

5.		Ta	ku	tsu	nu	no
7.	Shi	ra	ki	no	ku	ni	yu
5.		Hi	to	go	to	wo
7.	Yo	shi	to	ki	ka	shi	te
.	.	.	.	.	.	.
.	.	.	.	,	.	.
5.		A	ri	ma	ya	ma
7.	Ku	mo	wi	ta	na	bi	ki
7.	A	me	ni	fu	ri	ki	yu.

(Bd. III S. 344.)

4. Hentai („Anormalgedicht").

An die Stelle von 5 oder 7 treten 3, 4, 6, 8 oder 9. Diese Form ist unter den alten „Langgedichten" besonders häufig. (Vgl. Bd. II S. 186, Bd. III S. 301, 349, Bd. V S. 82 u. a.)

Die Frage, ob es die alten Dichter mit dem Versbau oder Reime genau genommen haben, mufs ich verneinen[2]. Freilich giebt es im Manyōshū auch gereimte Gedichte; ich glaube jedoch, dafs die Alten auf den Reim nicht viel Rücksicht genommen haben. Da aber die Gedichte nach Melodien

---

[1] Wenn in den Versen Formen vorkommen, die mit den Vokalen a, i, o, u beginnen, vermehrt es sich wie oben, um 1, 2 oder 3 Silben. Vgl. Norinagas Tamaarare.

[2] Vgl. Kiyosukes Okugishō.

gesungen werden, ergaben sich schon die Reime als eine Naturnotwendigkeit.

Beispiele des Stabreims:

Ko	n'	to	i	fu	mo	
Ko	nu	to	ki	a	ru	wo
Ko	si	to	i	fu	wo	
Ko	n'	to	ha	ma	ta	si
Ko	si	to	i	fu	mo	no wo

(Bd. IV S. 391.)

Ferner:

Yo	ki	hi	to	no		
Yo	shi	to	yo	ku	mi	te
Yo	shi	to	i	hi	shi	
Yo	shi	no	yo	ku	mi	yo
Yo	ki	hi	to	yo	ku	mi tsu

(Bd. I S. 36.)

Beispiele des Endreims:

A	sa	ga	su	mi		
Ka	bi	ya	ga	shi	ta	ni
Na	ku	ka	ha	tsu		
Shi	nu	bi	tsu	tsu	a	ri to
Tsu	ge	n'	ko	mo	ka	mo.

(Bd. XVI S. 145.)

Vergleiche auch Bd. I S. 5. 25. 125; Bd. VII S. 330; Bd. VIII S. 349. 388; Bd. IX S. 51. 115; Bd. XIII S. 143. 151. 159. 167. 175; Bd. XVI S. 146; Bd. XVIII S. 395.

Hier möchte ich einige Bemerkungen über die Eigentümlichkeiten der Dichter und Dichterinnen folgen lassen und wähle zu diesem Zweck die nachstehenden aus:

Hitomaro (ca. 662—709). Seine Biographie steht in Genshōs Manyōko-bekki, Hitomaro Kanbun, Mabuchis Jisekikō u. a. Es ist kaum bekannt, welche Erziehung ihm zu teil geworden ist. Im Alter von etwa 25 Jahren wurde er Hofbeamter, ging aber später als kleiner Beamter in die Provinzen Omi, Kii, Kiūshū, Sanuki und Iwami.

Er war vor allen Dichtern der berühmteste und wurde als solcher von späteren Dichterkreisen respektiert. Man verehrte ihn später als den grofsen Gott[1] der Dichtkunst, welcher höher als andere Dichter stehe und hatte den Glauben, dafs man ein schönes Gedicht schaffen könne, wenn man ihn darum bitte. Diese Vorstellung würde sich mit der decken, die die Griechen von den Musen hatten. Gegen Ende der Manyōshū-Zeit standen seine Gedichte schon in hohem Ansehen. Zwar schrieb Ikenushi[2] im Jahre 747 n. Chr. am 5. März an Yakamochi: „Wenn man die Gedichte des Hitomaro und des Aka-

---

[1] Vgl. Waka sanjinkō (1784) von Ise, Kashinkō und Kakinomotomyōjin-engi.

[2] Bd. XVII S. 257.

hito mit den deinigen vergleicht, so stehen jene weit zurück."
Dieser Brief ist aber wenig maſsgebend, denn er ist mit
chinesischen Zeichen geschrieben und es ist darin die chine-
sische Ausdrucksweise nachgeahmt, für die eine übertriebene
Höflichkeit charakteristisch ist. Man muſs also das Lob, das
Yakamochi hier gezollt wird, etwas herabsetzen zu Gunsten
des Hitomaro und darf jedenfalls annehmen, daſs seine Ge-
dichte schon damals sehr berühmt waren, weil sie sonst über-
haupt nicht mit denen des Yakamochi verglichen worden
wären.

Am 18. Mai des Jahres 905 schrieb Tsurayuki die schöne
Vorrede zum Kokinshū. Darin steht: Hitomaro war der
Weise der Dichtkunst.

Mototoshi (Etsumokushō), geb. 1055 n. Chr., schrieb mit
Überzeugung, Hitomaro und Akahito dichteten aus ihrem
Innern heraus und so sollen wir auch dichten.

Mabuchi glaubte einen richtigen Vergleich gefunden zu
haben, indem er sagte, seine Gedichte sind lebhaft und
kräftig, wie ein Drache, welcher in die Wolken fliegt, und
seine Worte sind so endlos, wie die Wellen im Meere. Von
weiteren Verherrlichungen will ich hier absehen.

Die Art, wie er anschauliche Vorstellungen zergliedert,
ist scharf und deutlich, und dies ist eine Frucht des richtigen
bewuſsten Denkens. Seine Einbildungskraft ist stark und
reich, und er hat in allen Fällen sein Material vorzüglich zu
gruppieren und zu verbinden verstanden. Deshalb sind seine
Gedichte verhältnismäſsig lang und inhaltreich, aber leider zu-
weilen auch eintönig. Da er die Fähigkeit besaſs, das Seelen-
leben anderer genau zu beobachten, so war es auch leicht für
ihn, sich selbst zu erregen und in Spannung zu versetzen.

Seine Trauerlieder gelten noch heute als ein Muster in
Dichterkreisen und jeder Dichter bewundert ihre Originalität.
Er wollte vielleicht den Makrokosmus im poetischen mikro-
kosmischen Bilde wiederspiegeln und hat das gethan, indem
er die Tiefen seines Gemütes offenbarte und den Gefühls-
wert des Makrokosmus ästhtetisch feststellte. Kurz, in seinen
Gedichten findet man stets einen erhabenen[2] und vor-
nehmen Zug.

   Die schöne Straſse
  Nach Karu ging so gern' ich,
   Wo die Geliebte
  Geboren war und wohnte,
  Am liebsten alle Tage.

   Doch immer dacht' ich:
  Wenn ich so täglich gehe;
   So wird man ahnen.
  Wenn ich so häufig komme,
  So wird man leicht erraten.

---

[1] Siehe Bd. II S. 21 und 173, Bd. VII S. 211 u. a.

Ich glaubte damals,
Wir kämen uns noch näher
Und immer sehnte
Mein Herz nach dir sich heimlich,
Wie hinterm Fels verborgen.

Doch jetzt — was hört' ich?
Wie sich umwölkt das Mondlicht,
Die Sonne sinket,
Wie rote Blätter fallen,
So schied sie aus dem Leben.

Nach dieser Nachricht
Vermocht' ich nichts zu sagen,
Mein Mut verliefs mich,
Nichts konnt' ich unternehmen,
Mein Herz war mir gebrochen.

Um unter tausend
Unglücklichen doch Einen
Zu trösten, Einen:
Ging ich zum Markte Karu,
Wo jeden Tag sie weilte.

Ach! Nicht mehr hört' ich
Am Unebi die Lieder
Von meinem Vöglein.
Kein Mädchen fand ich, ähnlich
Der lieben Toten.
Was sollt' ich da beginnen?
Ich rief den Namen
Und winkte mit dem Ärmel.

Nachgesang.
Ich sah zuerst sie,
Als rot die Blätter fielen
Und nun im Herbste auch
Erfahr' ich ihr Verscheiden.
O wehmutvoll Erinnern. (Bd. II S. 186.)

Akahito. Sein Geburtsjahr ist unbekannt. Jedenfalls wurde er schon zur Manyōshū-Zeit als einer der besseren Dichter in eine Reihe mit Hitomaro gestellt. In der Vorrede zum Kokinshū erwähnt Tsurayuki, dafs es in früherer Zeit einen Dichter Akahito gab, welcher ein hervorragendes Talent besessen habe. Die kurze Kritik Mabuchis ist noch treffender uud richtiger: „Seine Worte sind so fein und zierlich wie der Yoschinoflufs und sein Ideal so hoch wie der Fujiberg. Beide Dichter sind so verschieden wie Himmel und Erde, aber beide wurden in ihrer Art von den Dichtern gleich hoch gestellt." Sein Denken ist klar, während das Hitromaros scharf ist. Akahitos Anschauungen sind vielseitig und frisch, so dafs seine Gedichte anschaulich, mafsvoll, fafsbar, lebhaft und bestimmt sind. Also jedes seiner Gedichte ist ein Phänomen des psychischen Lebens, manche freilich zeigen eine allzu grofse Naivetät[1]. Die Form ist meist

---

[1] Vgl. Bd. VI S. 166, Bd. VIII S. 350 u. 367.

kurz. Als seine Hauptlieder pflegen wir die Loblieder zu erwähnen.

Er besafs einen ruhigen Charakter und sein Geschmack neigte besonders der Naturschönheit zu.

> Du Kirschenblüte,
> Wie bist du schön, du Liebe!
> Doch wenn im Sommer
> Und Winter stets du blühtest,
> Man liebte minder heifs dich.   (Bd. VIII S. 348.)

Okura (660—733 n. Chr.) Im Jahre 701 ging er im Januar als Botschaftsbeamter nach China und lebte mehrere Jahre als Bürgermeister auf der Kiūshūinsel. Dort hatte er noch als Greis Sehnsucht nach der Hauptstadt und hat diesen Gefühlen vielfach in Klagegedichten[1] Ausdruck gegeben. Yakamochi, der Zusammensteller des Manyōshū, hatte eine besondere Vorliebe für ihn. Den Beweis dafür finden wir in Bd. XVIII S. 366 und Bd. XIX S. 22. Mabuchi sagt, dafs Okura für die damalige Zeit ein vielseitig gebildeter Gelehrter war (s. Bd. V). Okura las die buddhistischen und chinesischen Werke über Ethik, Geschichte und Litteratur. Mir scheint, dafs er mit besonderer Neigung Shiki (chines. Ssï-ki) und Saden (chines. Tso-chuen) gelesen hat, welches die berühmtesten chinesischen Geschichtswerke sind. Er kannte (Bd. V S. 93—100) genau ebenso wohl das Wesen des Buddhismus, wie die Ethik des Confucius, und er sagt einmal, dafs der Endzweck beider derselbe und nur ihre Methode verschieden sei (Bd. V S. 99). Er neigte aber zur Lehre des Letzteren (Bd. V S. 12), ohne jedoch die einheimischen shintoistischen Sitten aufzugeben. Wahrscheinlich war er ein Realist[2], wenigstens insoweit er für die allzu ideale Lehre des Lao-tse[3] keine Vorliebe hatte, sondern die wirkliche Welt liebte. Er hielt das sittlich Schöne für das Beste. So liebte er von Herzen seine Frau[4], seine Kinder und Freunde. Als Beamter war er pflichttreu, als Gesellschafter liebenswürdig, als Denker Eklektiker in gutem Sinne, als Dichter Lyriker[5] — Situationslyriker oder Sitnationsgefühlslyriker, um mit Hartmann[6] zu reden — aber er hat sich auch auf eptischem Gebiete mit Glück versucht. Ich möchte ihn den ersten Philosophen in Japan nennen.

Er schätzte philosophische Gedanken als innere Bereicherung seines Geistes. Seine Anschauungen erweiterten sich namentlich durch eine Reise nach China. Da sich sein Empfindungsleben mächtig, vielseitig und reich entwickelt hatte,

---
[1] Bd. V S. 93—104, Bd. VI S. 157.
[2] Bd. V S. 13, Bd. VI S. 157.
[3] Bd. V S. 12 u. 14.
[4] Bd. V S. 19 u. 100—109, Bd. III S. 279.
[5] Hartmanns Philosophie des Schönen, S. 734.

war er einer empfänglichen Teilnahme an fremdem Wohl und Wehe fähig. Wenn man das folgende Gedicht liest, so wird man einsehen, dafs er in seinem Innern dem Mitleid nicht fremd gegenüber steht, also sein Gemüt nicht leer und sein Gefühl nicht kalt ist.

Die armen Menschen.

Es regnet draufsen
Und weht. Die Nacht wie schaurig!
Es schneit und regnet
Zugleich. Wie kalt die Nacht ist!
Was soll ich machen?
Wie soll ich warm mich halten?
Von meinem Salze,
Etwelche Stückchen beifs' ich,
Und dazu trink' ich
Den Bodensatz des Weines.
Mich plaget Husten,
Denn stark erkältet bin ich.
Den Flaumbart streich' ich,
Als wollte stolz ich sagen:
Auf dieser Erde
Giebt's keinen Mann, mir ähnlich.
Jedennoch leider,
Da es so schneidend kalt ist
So hüll' ich fest mich
In mein Gewand von Hanf ein,
Anzieh' ich ferner
Die Kleidungsstücke alle,
Die ich besitze.
Doch diese böse Kälte!
Noch ärmere Menschen,
Als ich bin, soll es geben.
Ach, ihre Eltern
Erleiden Durst und Kälte.
Die Frauen und Kinder
Weinen vielleicht vor Hunger,
Um Essen bittend,
In dieser Zeit, wie können
Auf dieser Welt nur
Sie leben, und wovon wohl?

Himmel und Erde
So weit und breit, so endlos
Für mich, den Armen,
Wurden sie schmal und enge.
Der Mond, die Sonne
Scheinen und glänzen droben.
Doch matt und dunkel
Sind sie für mich geworden,
Ist's so mit allem?
Oder mit mir alleine?
Durch Zufallsfügung
Bin ich als Mensch geboren.
Doch warum bin ich
Den anderen Menschen ungleich?

---

[1] Bd. V S. 76 u. 87 u. s. w.

Weswegen muſs ich
Das Kleid, das futterlose,
Das so zerlumpt ist,
Dem Seegras ähnlich — tragen?
Und dann das Häuschen,
Darinnen ich muſs wohnen!
Es ist gelegen
Im einsam öden Dorfe.
Das Dach ist lange
Zerbrochen, auf der Erde
Bin ich gebettet
Und Stroh ist meine Stätte.
Die Eltern sitzen
An meines Bettes Kissen.
Zu meinen Füſsen
Sind Frau und Kind gelagert
Im Kreise liegend,
Haben wir nichts als Jammer.
Vom Herd der Küche
Steigt weder Dampf noch Rauch mehr.
Und an den Kesseln
Zieht ihr Gespinnst die Spinne.
Wir haben lange
Verlernt zu kochen, lange!
O dieser Abend!
Mit Recht wohl sagt das Sprichwort:
„Man schneidet nochmals
Das schon zu kurze Holz ab."
Die Steuern heischend
Kam zu uns der Beamte,
Laut scholl die Mahnung,
Und in den Schlafraum schritt er.
Ach, warum leb' ich!
Ist niemand, der mir helfe?
O Menschenleben!

(Bd. V S. 82.)

Klagelied.

Was kümmern mich die sieben Schätze all',
Nach denen menschliches Begehren geht?
Mein Knabe — meines Herzens Perle — ist's,
Nach dem mein Sinn und mein Gedanke steht.
Am Morgen, wenn der Morgenstern erglänzt,
Weicht spielend er von meinem Lager nicht,
Und wenn der Abendstern am Himmel blinkt,
Legt er die Hand in meine und er spricht:
„Lieb' Eltern, legt euch nun zum Schlummer hin,
Und schlieſset mich in eure Mitte ein,
Und lasset uns im Beieinanderruhn
Wie die Sakiku-sa dreigestengelt sein."
Und wie er mir so plaudert, und ich über
Der Zukunft gut und böse Tage sann,
Erschuf ich mir mit froher Zuversicht
Ein Bild der Zeit, wo er gereift zum Mann.
Gleich wie der Schiffer seinem Schiff vertraut,
So hab' ich an den Zukunftsraum geglaubt,
Doch weh', da kam ein arger Wirbelwind
Und wehte plötzlich stürmend mir ums Haupt.

Da ward mir keine Hilfe in der Not —
Ich schützte mit dem Schürzer mein Gewand,
Und mit inbrünstig' Flehen und Gebet
Nahm ich den heil'gen Spiegel in die Hand.
Zu allen Himmelsgöttern blickt' ich auf
und rief sie an mit demutvollem Sinn;
Zu allen Erdengöttern flehte ich
Und warf mich betend auf den Boden hin.
Doch wie ich flehte, wie ich auch der Gunst
Der Götter mich empfahl und mein Geschick,
Es siechte hin mein Kind, kein Hoffnungsstrahl
Erhellte freundlich mir den trüben Blick.
Von Tag zu Tage schwand sein Körper hin,
Und matter jeden Tag sein Stimmchen ruft,
Bis seines Lebens letzter Funke losch,
Und er hinabsank in die frühe Gruft.
Da sprang ich schreiend auf und stampfte wild,
Und schlug mit Fäusten mir das wunde Herz.
Und rief zum Himmel starrend: O mein Sohn,
Wie schafft das grausame Geschick mir Schmerz.
(Bd. V S. 104.)
(Übersetzung von Florenz, „Dichtergrüſse aus dem Osten".)

Yakamochi (?—785). Er stammte aus einer sehr berühmten Offiziersfamilie, Otomo, deren erste Vorfahren Amenooshihi hieſsen. In dieser Familie gab es zahlreiche Dichter und Dichterinnen, nämlich seinen Groſsvater Yasumaro und seine Frau, seinen Vater Tabibito und dessen Frau, seine Tante Sakanoue und ihre zwei Töchter, von denen sich die eine später mit Yakamochi verheiratete, seinen Bruder Fumimochi und seine Verwandten Ikenushi, Kuromaro Chisato, Murakami, Suruga, Yotsutsuna, Momoyo, Miyori, Katami, Chimuro u. a. Da er, wie ich bewiesen habe, der Zusammensteller des Manyōshū ist, so ist es begreiflich, weshalb sich darin insbesondere seine und seiner Verwandten Gedichte befinden.

Wie Okura, so las auch er die Werke des Confucius und die buddhistischen Schriften, aber im Gegensatz zu jenem neigte er manchmal zum Buddhismus[1] und hatte zuweilen pessimistische Ideen. Die Ursachen sind wohl hauptsächlich in seinem sanguinischen und reizbaren Charakter zu suchen. Auch die Unzufriedenheit mit seinem Beruf hat viel dazu beigetragen und nicht zum wenigsten ist auch den Zeitströmungen ein Einfluſs einzuräumen. Seine Gedanken sind sehr veränderlich, ebenso schwach wie gesund, z. B. im März des Jahres 750 schuf er ein durchaus buddhistisches Gedicht[2] und in demselben Monate ein gesundes shintoistisches[3]. Im Mai des Jahres 756 verfaſste er ein gutes vernünftiges didaktisches

---

[1] Bd. XIV S. 21, Bd. XX S. 257.
[2] Bd. XIX S. 18—21.
[3] Bd. IX S. 22—24.

Stück[1] und im Juni desselben Jahres verherrlichte er das Einsiedlertum[2]. Bald dachte er an Schwert und Bogen, wodurch seine Familie zur Blüte gelangt war, bald wieder an die Veränderlichkeit der Welt, so dafs er wieder der buddhistischen Bibel vor Bogen und Schwert den Vorzug gab. Seine äufseren, nicht ganz glücklichen Verhältnisse waren nicht ohne Einflufs auf sein Inneres und halbbewufste edlere Gefühle gewannen zuweilen das Übergewicht über das Streben nach äufserem Erfolg. Seine Gedichte drücken nicht selten lebhafte Affekte aus; wir finden darin den Ausdruck des verschiedenartigsten Gefühlslebens, z. B. Lachen, Lustigkeit, Bewunderung, Schwärmerei, Verdrufs und Verzweiflung. Er war keine Alltagsnatur, sondern eine echte Künstlerseele.

Yakamochi schrieb feine chinesische Prosa[3], verfafste aber auch schöne chinesische Gedichte. Mir scheint, dafs er gern das Yusenkutsu[3] gelesen hat. Im Bd. XVII S. 261 sagt er: Die schöne Litteratur ist dem Menschen angeboren, mit Lehren kann man da nichts erreichen. Man kann hierbei an Kant denken, der das Angeborene des Genies hervorhebt und das Genie als einen Geist ansieht, der schlechterdings Unlehrbares hervorbringt.

   Es ging die Rede
  Seit himmelfernen Tagen
   Und geht auch jetzt noch,
  Dafs diese Welt voll Wandel
  Und Unbeständigkeiten.
   Sieh' an den Himmel!
  Es wächst der Mond und schwindet,
   Und kommt der Frühling,
  Blühn am Gezweig die Blumen
  Und duften auf den Bergen.
   Doch wenn es Herbst wird,
  So thaut es rings und frostet,
   Kalt weh'n die Winde,
  Die welken Blätter fallen
  Die früher lieblich grünten.
   So geht's dem Menschen.
  Der Mädchen blüh'nde Wangen
   Entschwinden balde,
  Grau werden schwarze Haare,
  Wer früh gelacht, weint abends.
   Es gleicht dem Winde,
  Der nicht zu sehen, dem Fufse,
   Der nicht zu hemmen,
  Der Wechsel hier auf Erden,
  So denkend mufs ich weinen.
   Wenn ich den Wandel
  Auf dieser Welt gewahre,
   Tiefsinnig leb' ich
  Dahin und unempfindlich
  Dem Weltlauf gegenüber.

---

[1] Bd. XX S. 251—256.
[2] Bd. XX S. 257.
[3] Bd. IV S. 479.

Von meinem Fürsten in die fernsten Gauen
Gesandt, kam ich nach Koshi's Wüsteneien
Wo kalte Winterstürme frostig wehen.
Und Schneegestöber alles Land verschneien.
Fünf Jahre sind nun schon dahingeschwunden
Seitdem der Gattin Anblick mir geraubt,
Und meine Hüften ich nicht mehr entgürtet,
Und nicht mehr ruht auf ihrem Arm mein Haupt.
Ein Trost nur ist, der meine Schmerzen lindert.
Ich holte mir dort unten aus dem Moor
Die Lilien und Nelken, pflanzt sie sorglich
Mit Gärtnerkunst vor meines Hauses Thor.
Und immer wenn ich aus dem Hause schreite
Und sie im Blütenschmucke prangend schau',
Da denke ich der schönsten Nelke aller,
Der schönsten Lilie, meiner Lilien-Frau.
Ach, hätt' ich euch nicht, süfse Liebesträume,
Die ihr mir freundlich mildert meine Pein,
Ich könnt' an diesem wilden, öden Orte
Nicht einen Tag, nicht eine Stunde sein.
(Übersetzung von Florenz.)

Im Manyōshū giebt es zahlreiche Dichterinnen. Unter ihnen wähle ich nur folgende drei aus: die Prinzessinnen Nukada, Ishikawa und Sakanoue. Aber die Kaiserinnen Jitō und Kwōmyō sind auch hochangesehene Dichterinnen.

Es ist schon bekannt, dafs Ishikawas Gedichte meist niedlich und hübsch, diejenigen Sakanoues prächtig und kraftvoll sind. Nukadas Gedichte sind besonders reizend und wertvoll zu lesen. Sie war eine sittlich nicht makellose Frau, weshalb auch ihre Gedichte nicht günstig beurteilt wurden, aber man kann nicht leugnen, dafs wir nach ihren Gedichten die damaligen Geschichtserscheinungen richtig beurteilen lernen, weil sie eine nicht geringe Rolle in der Geschichte gespielt hat.

Abgesehen von einigen Ausnahmen, sind die Charaktere der Dichterinnen empfänglich und in allen Beziehungen lebhaft, während die der Dichter ruhiger, innerlicher und beharrlicher sind.

Mit heifsem Herzen
Sehnsüchtig harrt' ich deiner
Da flog der Vorhang,
Dahinter ich verweilte:
Es kam der kalte Herbstwind.
(Prinzessin Nukuda Bd. III S. 370.)

Der Frühling kommt nun bald,
Die Blumen blühn und duften wieder,
Die Vögel singen die alten Lieder,
Und doch — mein Herz bleibt kalt.
Wie gern möcht' ich wandeln
Auf freier Bergesschald' —

Doch all die Kräuter verwachsen
Zum undurchdringlichen Wald!
 Dem Herbste bin ich hold,
Da lach' ich auf den Bergen draus
Den grünen Jungen, den Frühling, aus.
Wenn's doch nur Herbst sein wollt'!
Wie lieb' ich doch am Herbste
Die Blätter von rotem Gold!
Und ging's nach meinem Willen
Es ewig Herbst sein sollt'!
            (Prinzessin Nukada, Bd. I S. 25.)

          Als unterm Baume
        Am Berg du meiner harrtest,
          Von Rieseltropfen
        Bist du benetzet worden:
        Wär' ich der Thau gewesen.
            (Ishikawa, Bd. II S. 109.)

          Vom grünen Berge
        Kann man die weiße Wolke,
          Wenn quer darüber
        Sie hingestrichen kommet,
        Auf's Klarste wohl erkennen.
          So klar, Geliebte,
        Sei nie mir gegenüber
          Dein Wonnelächeln.
        Denn unser beider Liebe
        Darf niemand klar erkennen.
            (Sakanoue, Bd. IV S. 459.)

          Dein Liebeskummer
        Gleicht nicht an Schwere meinem.
          Wenn nach Koshiji
        Ein starkes Pferd ihn trüge,
        Man würd' ihn, glaub' ich, stehlen.
            (Sakanoue, Bd. XVIII S. 344.)

   Hierauf schrieb Yakamochi die Antwort:
          Nicht leichter werden
        Wird meiner Liebe Bürde,
          Bekomm' hinzu noch
        Ich aus der Hauptstadt Deine.
        Wie soll ich beide tragen?
            (Bd. XVIII S. 344.)

   Ich füge hier noch einige Gedichte hinzu, deren Verfasser nicht mehr zu ermitteln sind:
          Der Waale Meerflut,
        Der steile Berg, sie sollten
          Fortdauern ewig?
        Nein, nein! Sie sterben beide.
          Es ebbt die Meerflut,
        Das Grün der Berge welket.
            (Bd. XVI S. 165.)

          Der Wind, der heute
        Geweht hat vom Ikaho,

Hört auf schon morgen.
Doch meiner heifsen Liebe
Kommt nie die Zeit zu enden.
(Bd. XIV S. 279.)

Ein Mädchen lebte
Auf Awa, der Halbinsel,
Die wie ein Vogel
Gestaltet ist. Ihr Busen
War voll und breit und üppig.
Wie eine Blume
War lieblich sie gewachsen
Und ihre Miene
War immer froh und heiter
Und lächelnd ihre Lippe.
Vom rechten Wege
Abwichen die Lustwandler,
Ohne gerufen
Von ihr zu sein und schlichen
Zu ihrem Thor den Umweg.
Des Hauses Schlüssel
Reichten ihr ungebeten
Die jungen Nachbarn.
Doch ihre Frauen kehrten
Heim zu den Eltern traurig.
Da alle Männer
(Ob ledig, ob verehlicht),
Bös in die Klemme kamen
Ward immer eitler,
Putzsüchtiger das Mädchen
Und kam selbst in die Klemme.
(Bd. IX S. 30.)

Wo ich ferne des Mikane
Hohen Gipfel ragen seh,
Fällt der Regen endlos nieder,
Nieder endlos fällt der Schnee.
Ganz so endlos wie der Regen
Und der Schnee vom Himmel, thaut
Jetzt auch endlos meine Liebe,
Seit ich dich zuerst erschaut.
(Bd. XIII S. 183.)

Als die Frühlingstage sich in
Nebel hüllten, lenkt ich einsam meine
Schritte an den Meeresstrand von Suminoye,
Sah die Fischerboote auf dem Wasser hin
Und wieder gleiten, und ein altes Märchen
Ward in meinem Geist lebendig. In dem
Dorfe Mitsunoye lebte einst ein Mann,
Urashima mit Namen. Wohlbekannt
Als ein gewandter Fischer war ein Sohn,
Geschickt den Tai zu fangen und den
Katsuwo. Schon sieben Tage kehrt
Zur Heimat nimmer er zurücke —
In die See war er hinausgefahren,
Wollte bis zur Meeresgrenze rudern,
Als auf einmal eine schöne Jung-
Frau aus dem Wasser stieg, des Meer-
Gotts Tochter. Gleich packt Liebesglut

Die jungen Herzen, Zutrauen erst,
Dann schelmisch ernstes Kosen, endlich
Liebespfand und Treueschwüre. Und
Sie führt den Jüngling nach der Insel
Der Unsterblichkeit. Verschlungenen
Armes treten ein sie durch die hohe
Halle zu des Meergott's strahlendem
Palaste, dort auf ewig sorgenlos zu
Wohnen, nimmer alternd, nie im Tod
Erbleichend. Doch nach kurzen Weilen
Sprach der Jüngling thöricht diese Worte
Zu der Gattin: „Laſs auf kurze Zeit zurück
Mich kehren, daſs mit Vater ich und Mutter
Rede; morgen will ich wieder zu dir eilen."
Bei der Trennung sprach die junge
Gattin: „Denkst du in dies Land zurück-
Zukommen, wieder wie bisher mit mir
Zu leben, wohl so öffne niemals dieses
Kästchen, daſs ich dir zur Reise übergebe."
Dringend bat sie, dieses wohl zu mer-
ken, und Urashima begiebt sich fürder
Nach dem Heimatsdorfe Suminoye, und
Er schaut sich um nach allen Seiten,
Ob er nicht sein Elternhaus erblicke —
Aber nach dem Haus sucht er vergebens.
Nach dem Dorfe seiner Heimat sucht er
Aber all sein Suchen ist vergebens.
Und mit Grauen packt ihm der Gedanke
Wär' es möglich, daſs in dreien Jahren,
Seit ich diese Stätte hier verlassen,
Alles schwand, das Haus und selbst die Zäune.
„Wird das Haus sich meinem Auge zeigen,
Wenn ich dieses Wünschelkästchen öffne?"
Sprach's und öffnete den Deckel wenig,
Und ein weiſses Wölkchen dringt von innen,
Hebt sich in die Luft und schwebt von dannen
Fernhin zu der immergrünen Insel.
Da erfaſst den Buben bleich Entsetzen,
Schreiend lief er, um es zu erhaschen,
Winkte mit den Ärmeln, wimmernd warf er
Nieder sich und wälzt sich auf dem Boden,
Sprang empor und tanzte wild im Kreise.
Unterdessen fühlt er, wie die Kräfte
Allgemach in seinem Leibe schwinden,
Wie die Glieder, kaum noch jung und kräftig
Greisenhaft sich krümmen und verschrumpfen,
Wie sein rabenschwarzes Haar erbleichet,
Zug um Zug sein Atem schwächer röchelt
Und zuletzt verhaucht sein Lebensodem.
Sinnend schau ich nach der alten Stätte
Und mein Auge weilt auf seinem Grabe.

(Bd. IX S. 33.)

(Übersetzung von Florenz.)

X.
Azumavolk und Azumagedichte.

Das Wort Azuma bedeutet Osten. Dafür gebrauchte man in der Manyōshū-Zeit auch die Bezeichnung Himgashi; später Higashi. Es ist nun nicht uninteressant, nach dem Ursprung des Wortes Azuma zu forschen und ebenso die Geschichte des Azumavolkes zu studieren. Im Jahre 97 n. Chr. schickte der damalige Kaiser Keïkō den Minister Takenouchi nach Nordost-Japan, um Land und Leute durch ihn erforschen zu lassen. Nach Jahresfrist kehrte er zurück und brachte die Nachricht mit, daſs es dort eine Provinz Hitakami gäbe, die von einem wilden und starken Volksstamme bewohnt wäre, der besonders dadurch, daſs sich Männer wie Weiber tätowierten, merkwüürdig sei. Der Kaiser wäre nun, da ihm der Bericht interessierte, gern selbst dorthin gegangen, doch wurde er durch einen Aufstand, der in Südwest-Japan ausgebrochen war, zurückgehalten. Im Jahre 110 n. Chr. gab es auch in Nordost-Japan Unruhen, zu deren Bekämpfung der Kaiser den Prinzen Yamatodake an der Spitze eines Heeres dorthin schickte. Dieser hatte sich schon dadurch groſse Verdienste erworben, daſs er den früheren Aufstand in Südwest-Japan nach harten Kämpfen unterdrückte, was ihm den Ruf eines groſsen Kriegshelden eingetragen hatte.

Über die Sitten und Gebräuche des Azumavolkes zu damaliger Zeit erhalten wir Aufschluſs aus einer Unterhaltung des Kaisers mit dem Prinzen vor dem Auszuge zum Kampfe. Der Kaiser schildert das Vols als wild und räuberisch. Seine Kleidung bestehe aus Fellen und es wohne in Höhlen. Sehr groſs sei seine körperliche Gewandtheit und Ausdauer, namentlich beim Erklimmen von Bergeshöhen und beim schnellen Laufe. Sie seien wohlbewaffnet, aber sie verbargen ihre Schwerter unter der Kleidung und die Pfeile in den Haaren. Dieser niedrigen Kulturstufe entsprechend, seien noch keine staatlichen Einrichtungen bei ihnen zu treffen. Bei der weiten Entfernung von der Residenz des Kaisers und also völligen Abgeschlossenheit von aller Kultur fehle ihm jede Vorstellung von den Segnungen, die geordnete Staatseinrichtungen für die Bevölkerung mit sich brächten etc.

Auf Wunsch des Kaisers ging der Prinz zunächst nach der Provinz Suruga. Dort gelang es ihm erst nach hartem Kampfe Herr des Aufstandes zu werden, zumal sein Kriegszug noch besonders dadurch erschwert wurde, daſs die Aufständischen die ausgedörrten Felder anzündeten, und ihm durch einen starken Wind, Hitze und Rauch entgegen getrieben wurde. Trotzdem gelang ihm die Bewältigung des Aufruhrs und er rückte weiter vor nach Sagami. Von dort ging er zur See nach Katsusa, wobei die Flotte mit einem grofsen Sturme schwer zu kämpfen hatte. Begleitet war der Prinz auf diesem Kriegszuge von der Prinzessin Wototachibana, die die Ursache des schweren Unwetters im Zorn des Meergottes sah und sich deshalb freiwillig erbot, durch ihren Tod in den Wellen den Gott zu verwöhnen. Sie opferte sich also und rettete damit nach dem Glauben damaliger Zeit die Flotte vor dem Untergange. Diesem Opfermute begegnet man bei den alten Japanern häufig, wie die Geschichte lehrt.

Von Katsusa ging er weiter nach Mutsu. Hier kam der Prinz, bevor er landete, auf den Gedanken, an der Spitze seiner Schiffe einen grofsen Spiegel zu befestigen. Als die Aufständischen diesen ihnen unbekannten und mit seinen Reflexen geheimnisvollen Gegenstand erblickten, gerieten sie in solches Erstaunen und in solche Furcht, dafs sie ihre Waffen sofort an die Führer der Schiffe auslieferten und sich freiwillig ergaben. Hierauf durchzog der Prinz siegreich noch einige andere Provinzen, bis er nach Koshiji kam, dort bestieg er den Berg Usui, von wo er Ost-Japan in der Ferne liegen sah. Dabei mufste er lebhaft der Prinzessin gedenken, die sich durch ihren Opfermut so grofse Verdienste um das Gelingen des Kriegszuges erworben hatte, und unter Thränen sagte er: „Azuma haya!" d. i. meine Frau! Von diesem Zeitpunkt ab, so berichtet die Sage, wurde dann der Ausdruck „azuma" für „himgashi" oder „higashi" gebraucht.

Der Aufenthalt des Prinzen in Nordost-Japan hatte auch zur Folge, dafs die dortigen Bewohner zum ersten Mal mit einem Mitgliede der kaiserlichen Familie in Berührung kamen und sich seiner Gnadenbeweise erfreuen durften. Das bewog sie, sich in Zukunft dem Kaiser zu unterwerfen und sich in vieler Beziehung zu ändern, freilich nur in politischer Hinsicht, denn im übrigen blieben sie ein wildes, unbändiges Volk[1]. Von jetzt an wurden sie auch „Sakimori"-

Da ich selbst in Ost-Japan geboren bin, so haben mich von jeher die Gedichte[2] meiner Vorfahren ganz besonders interessiert und ich habe eingehende Studien darin gemacht, um die alten Sitten und Gebräuche daraus zu erforschen. Ich gehe deshalb im Folgenden zur Kritik der Azuma-Gedichte über.

I. Zunächst mufs man sagen, dafs die Gedichte dem Volkscharakter entsprechend etwas Schmuckloses und Einfaches, fast Kindliches an sich haben, was auch nebenbei durch die primitive Sprachform bedingt war (Bd. XIV S. 307). Man konnte sie also mit Feldblumen vergleichen, die ohne Pflege

---

[1] Vgl. Bd. XX S. 149—152.
[2] Sie stehen Bd. XIV u. XX.

von Menschenhand gedeihen und die Natur schmücken. Es ist nichts Großes und Erhabenes in ihnen, aber sie erfreuen um so mehr durch die Reinheit und Klarheit der in ihnen zum Ausdruck kommenden Gedanken und Empfindungen. Daneben fehlt es auch nicht an witzigen Pointen, doch ist auch hier die Harmlosigkeit vorwiegend.

> Weswegen soll ich
> Des andern Weib nicht lieben?
> Ich kann doch borgen
> Und anziehen eine Kleidung,
> Die meinem Nachbar eignet.
> (Bd. XIV S. 311.)

II. Die Azuma-Gedichte unterscheiden sich von südwestjapanischen

1. Haptsächlich dadurch, daß sie vorwiegend soldatischen sowie bäurischen Inhalts, also in volkstümlichen Tone gehalten sind, während sich die südwestjapanischen mehr dem verfeinerten Geschmack der oberen Gesellschaftsklassen anpassen. Was die sprachlichen Eigentümlichkeiten betrifft, so zeichnen sich die Azumagedichte durch ihre leichtverständlichen Wortverbindungen und durch die Einfachheit der Vergleiche aus[1], Dagegen findet sich in den südwestjapanischen Gedichten ein mehr durchgeistigter Inhalt, auch die Vergleiche sind weiter hergeholt und Dingen entnommen, die dem alltäglichen Leben fernliegen. Während z. B. die Liebeslieder in den Azuma-Gedichten durch ihren reinen, warmen Herzenston uns ansprechen, ziehen die in der südwestjapanischen uns mehr durch ihre graziösen und zierlichen Gedanken an.

> Ein heißes Sehnen
> Muß meine Gattin fühlen,
> Denn in dem Spiegel
> Des Wassers, das ich trinke,
> Seh' ich ihr Antlitz blinken.
> (Mumaro, Bd. XX S. 143.)

> Jetzt geh' ich wandern
> Und laß daheim die Traute.
> Wenn sie ein Bogen
> Doch wäre mitzunehmen!
> Sie würde mich begleiten.
> (Bd. XIV S. 367.)

2. Ferner unterscheiden sich die Azuma-Gedichte auch durch den geringen Umfang von den südwestjapanischen, die häufig eine ziemliche Länge haben. Wir finden im Manyōshū nur etwa zwei oder drei Langdedichte vom Azumavolk. Sie eignen sich mit ihrer etwas unbeholfenen Form auch weniger für den Gesang, denn die Worte sind eben entsprechend den

---

[1] S. Bd. XV S. 240, 275, 295, 344 und Bd. XX S. 228.

einfachen Gedanken, weniger glatt und wohlklingend, als bei den südwestjapanischen Gedichten. Das war jedenfalls der Grund, weshalb Yakamochi einige der Azuma-Gedichte nicht mit in seine Sammlung aufgenommen hat. Weiter finden wir in den Adzuma-Gedichten viel weniger formelle Höflichkeitsworte, was sich leicht daraus erklärt, dafs das Volk noch in sehr primitiven gesellschaftlichen Verhältnissen lebte.

3. Gehen wir nun zu den in den Gedichten behandelten Stoffen über, so finden wir bei beiden Arten darin Übereinstimmung, dafs sie vielfach die Natur behandeln, aber doch wieder mit dem Unterschied, dafs sich die Azuma-Gedichte mehr mit Gedanken über Wald und Feld befassen, während sich die südwestjapanischen mehr an die Schilderung des Himmels, der See, der Vogelwelt etc. halten, indem sie zugleich auch ihre Empfindungen z. B. über die Stimme und den Gesang eines Vogels äufsern. Wenigstens trifft diese Charakteristik annähernd das richtige.

Schon ferner bin ich
Dem Hause meiner Liebsten
Nun wink du Traute,
Bevor der Berg Tsukuba
Uns trennt, noch mit dem Ärmel.
(Bd. XIV S. 257.)

Wenn du mich lieb hast,
So komm' zu mir, Geliebte!
Ich will beschneiden
Die Heckenweiden
Und späh'n und dich erwarten.
(Bd. XIV S. 301.)

Aus all diesem ersehen wir, dafs die Azuma-Gedichte an Wert den südwestjapanischen bedeutend nachstehen; sie sind eben bei Weitem einförmiger.

4. Werfen wir jetzt noch einen Blick auf die Lebensart der Nordost- und Südost-Japaner, wie sie sich in ihren Gedichten widerspiegelt. Während sich die Kultur der Südwest-Japaner infolge des koreanischen, chinesischen und indischen Einflusses schon auf ziemlich hoher Stufe befand, da dieselben Maschinen, Schmuck- und Spielsachen aus jenen Ländern bezogen und auch deren Gewohnheiten in der Kleidung und im Essen und Trinken annahmen, so ersehen wir aus den Azuma-Gedichten, dafs die Bewohner des Nordostens noch keineswegs so civilisiert waren. Hier gab es z. B. zur Bekleidung nur selten die im Südwesten allgemein übliche Seide, man begnügte sich vielmehr mit Hanf-Gewändern. Auch sonst bestand noch mancher Unterschied. Die Südwest-Japaner verwendeten zum Zimmer- und Körperschmuck zumeist Gold und Eisen, die Bewohner des Nordostens dagegen Silber und Holz. Die Wohnungen bestanden im Nordosten nur aus

niedrigen Hütten, während man im Südwesten schon stattliche Häuser baute. Ebenso waren die Verkehrsmittel der Erstgenannten noch sehr unentwickelt, namentlich beschränkte sich die Schiffahrt nur auf kleine Boote und das Pferd bildete den wichtigsten Besitz. Dagegen war man im Südwesten bis zum Bau von Seeschiffen fortgeschritten, mit denen man sich dem stürmischen Meere auf Fahrten nach Korea und China anvertrauen konnte.

III. Die Religion[1] des Azumavolkes hatte sich fern von jedem Einfluſs noch rein und einfach erhalten.

> Weh! Du verläſst mich.
> Asuhakami's Tempel
> In deinem Garten
> Schmück' ich mit Rasen, betend:
> O kehre glücklich wieder!
> (Eine unbekannte Dichterin, Bd. XX S. 163.)

In dem zuletzt angeführten Gedichte ist der Gott Asuha erwähnt, wie aus dem Texte hervorgeht, der Beschützer des Essens und Trinkens oder noch besser, des häuslichen Heerdes. Vermutlich hatte jede Familie diesem Gott in ihrem Garten einen kleinen Strohtempel errichtet, in welchem ihm Geschenke dargebracht wurden, um sich seiner Wohlgeneigtheit und seines Schutzes immer wieder von neuem zu versichern. Ohne daſs das Volk mit dem Begriffe der Ethik vertraut war, wuſste es doch instinktiv, was Recht und Unrecht, gut und böse war, da ihm dies Bewuſstsein gleichsam erblich von den Vorfahren überkommen war.

Auch der Patriotismus des Volkes war bereits sehr entwickelt. Wir ersehen das namentlich aus einem Ausspruch des Kaisers Shōmu seiner Tochter, der nachmaligen Kaiserin Kōken, gegenüber, kurz vor seinem Tode. Ich will dich, sagte er, dem Schutze des Azumavolkes anvertrauen, das ich wegen seiner Tapferkeit und seiner patriotischen Gesinnung sehr hoch schätze. Denn sein Wahlspruch ist, dem Feinde stets die Stirn zu bieten und niemals den Rücken. Bd. XIV, 314, Bd. XX, 147, 175, 215, 197 u. A.

IV. Was das Familienleben des Azumavolkes anbetrifft, so war es sehr herzlich, voll von Pietät[2] der Kinder gegen die Eltern. Das Eheleben[3] insbesondere zeichnete sich durch eine groſse Zuneigung der Gatten zu einander aus.

> Nun wünscht ich sehnlich,
> Daſs meine beiden Eltern
> Doch Blumen wären,
> Dann würd' ich sie behutsam
> Mit auf die Reise nehmen.
> (Wotoshi, Bd. XX S. 145.)

---
[1] Bd. XX S. 177 u. 195.
[2] Bd. XX S. 143, 160, 204.
[3] Bd. XIV S. 226, Bd. XX S. 216.

> Geliebte Eltern?
> Ich ziehe fort als Krieger.
> Nun wartet meiner,
> Bis mit den weifsen Perlen
> Von Kiûshû heim ich komme.
> (Mushimaro, Bd. XX S. 157.)

> Zeit möcht' ich haben,
> Um meine Frau zu malen.
> Mit meinen Augen
> Würd' ich sie dann gewahren
> Und lieben auf der Reise.
> (Furumaro, Bd. XX S. 146.)

> An Stromes Ufer
> Sind festgeseilt die Schiffe.
> Wenn auch von ihnen
> Die Taue reifsen werden,
> Von dir wird nichts mich reifsen.
> (Eine unbekannte Dichterin in Bd. XIV S. 255.)

Werfen wir zum Schlufs noch einen zusammenfassenden Rückblick auf das eben gesagte, so müssen wir konstatieren, dafs noch heute nach 1000 Jahren die Begriffe und Ideen des Azumavolkes vorherrschend sind, während sich allerdings im heutigen Japan die Lebensverhältnisse sonst völlig umgestaltet haben. Während früher ein Dichter von Tōkyō noch sagen konnte, der Mond geht im Grase auf und im Grase unter, so könnte er heutzutage eher sagen, dafs er aus einem Schornstein hervorkommt und in einem solchen auch wieder untergeht. Aus den damaligen kleinen Grashütten sind jetzt moderne Ziegelbauten geworden und zur Kleidung benutzt man nicht mehr ausschliefslich Hanf, sondern kostbare Seide. Welch eklatantes Beispiel für den gesamten Fortschritt! Aus dem Felde Musashi (Bd. 251—254 u. A.), auf dem zu jenen Zeiten Jagden und Volksfeste abgehalten wurden, ist das heutige Tōkyō entstanden. Wie hätte das alte Azumavolk je an solche Umwälzungen gedacht, oder gar daran, dafs einer ihrer Nachkommen ihre Gedichte kritisieren und ins Deutsche übertragen würde! So mögen unsere ausgezeichneten Vorfahren noch viele Jahrtausende wohlgebettet im kühlen Grabe ruhen! Haben sie uns doch ihre Charakterfestigkeit, Tapferkeit und Ausdauer als wertvolles Erbteil hinterlassen.

XI.
Die Zeitströmungen im Manyōshū im Vergleich zur Neuzeit.

Zu Anfang der Manyōshū-Zeit übten Korea, China und Indien sehr geringen Einflufs auf Japan aus, deshalb mufs man die damalige Litteratur, Politik, Ethik, Religion etc. noch für beinahe unverfälscht japanisch halten. Nachdem aber die Kaiserin Suiko in Verkehr mit China getreten war, machten sich chinesische Einflüsse auf allen Gebieten, besonders aber auf dem der Staatsverfassung geltend. Die Einführung des Buddhismus bewirkte eine grofse Bereicherung des philosophischen Ideenkreises. So wurden gegen Ende der Manyōshū-Zeit Sitte und Gewohnheit, Sprache, Litteratur etc. wesentlich anders. Das einfache und natürliche Leben gestaltete sich immer anspruchsvoller und üppiger.

Idealismus und Realismus, Optimismus und Pessimismus und auch Nihilismus bestanden nebeneinander und gingen noch auf die Kohinshū-Zeit über.

Die Stellung der Frau, die ursprünglich achtunggebietend war, wurde infolge der mehr und mehr um sich greifenden buddhistischen und konfucianischen Anschauungen immer untergeordneter.

Gegen die Mitte der Manyōshū-Zeit war der Fortschritt auf wissenschaftlichem Gebiete schon ganz bedeutend, denn es gab bereits einen Gelehrtenstand, Professoren der Medizin, darunter sogar weibliche, ferner Professoren der Musik, Mathematik und Schreibkunst; früher hatte man auch vor Dichtern gar keine Achtung, während sie gegen Ende dieser Zeit in grofsem Ansehen standen. Der Grund dafür lag einmal in dem reicher und feiner gewordenen ästhetischen Empfinden des Volkes, daneben aber auch in dem damit zusammenhängenden Umstande, dafs sich die neueren Gedichte etwa in anmutigerer und ansprechenderer Form darboten. Das Interesse daran wuchs zusehends, so dafs man bald dazu schritt, die Gedichte zu sammeln und in einem Sammelwerke, unserem berühmten Manyōshū, herauszugeben.

Im folgenden möchte ich die Erscheinungen der Manyōshū-Zeit, mit denen der Neuzeit in religiöser, politischer, legislativer, ethischer und literarischer Hinsicht vergleichen.

Es tritt sofort klar zu Tage, dafs in der damaligen Zeit bereits der Entwicklungskeim für die Gegenwart, d. h. der Ursprung der heutigen Zustände auf den genannten Gebieten zu finden ist.

Wie ich schon des öfteren erwähnte, sind die japanischen Ideen durch fremde Einflüsse stark verändert und zum Teil sogar ganz durch andere verdrängt worden. Doch mufs angenommen werden, dafs sich ein guter Teil unverfälscht daneben erhalten hat, denn die ungesunden oder schwachen Denker bald ganz in chinesischen und indischen Anschauungen aufgingen, während die stärkeren japanischen Elemente aus letzteren nur ihre Nutzanwendungen zogen und sie somit völlig japanisierten und sich zu eigen machten. Wir finden infolgedessen noch heute im japanischen Volke eine Menge Grundideen aus jener Zeit, die sich als kostbarer Schatz von Generation zu Generation vererbt haben; kostbar besonders darum, weil sie alles, was sich etwa ähnliches, auf ästhetischem, militärischem und politischem Gebiete in China und Indien fand, weit hinter sich zurückliefsen.

In noch höherem Mafse, wie sich schon zu jener Zeit Indien und China mit ihren Kultureinflüssen in Japan bemerkbar machten, sind in der neueren Zeit Europa und Amerika mit einer vorgeschrittenen Civilisation, wie ein gewaltiger Strom den Damm durchbrechend, eingedrungen. Das tritt hauptsächlich auf wissenschaftlichem und socialem Gebiete hervor.

Während man sich früher auf pädagogischem Gebiete an Kōkyo (chines. Hiao-king), Daigaku (chines. Ta-hioh), Rongo (chines. Lün-ïü), hielt, sind jetzt Kants „Kritik der praktischen Vernunft" und Herbarts „Allgemeine Pädagogik" etc. dafür mafsgebend. Ebenso war es mit der Philosophie. Hier dominierte früher Rōshi (chines. Lao-tse), Sōshi (chines. Choantse) etc., während heute Schopenhauer, „Die Welt als Wille und Vorstellung" und Hartmann, „Philosophie des Unbewufsten" etc. die Wege weisen. Nicht anders ist es in religiöser Hinsicht. Auch hier trägt man jetzt der modernen Zeitströmung vollständig Rechnung, indem man Bibel und Gesangbuch und zwar des katholischen wie evangelischen Bekenntnisses eingeführt hat, während man früher nur das Isaikyō und das Shōmankyō etc. las.

Auf dem Gebiete der Jurisprudenz galt früher das Tōritsu das Gesetzbuch der Thang) während jetzt wie im Occident das römische Recht die Grundlage bildet.

Die Litteratur beherrschten früher Shikyō, Monzen, Yūsenkutsu, Hakushibunshū etc., während heute Shakespeare, Dante Goethe und Schiller etc. studiert werden.

Über all diesen modernen Bestrebungen haben die heutigen japanischen Gelehrten allerdings nicht vergessen, wissenschaftliche Forschungen auch über die alte Zeit anzustellen, also z. B. den Buddhismus, die Lehre des Confucius und Lao-tse kritisch zu beleuchten, die damaligen Systeme auf die Neuzeit anzuwenden und weiter auszubauen. So ist es begreiflich, dafs jetzt in Japan eine grofse Mannigfaltigkeit der wissenschaftlichen Gebiete herrscht, mehr noch, als sonst irgendwo in der Welt, woraus naturgemäfs eine Fülle von Streitfragen hervorgeht.

Alle diese voneinander abweichenden Meinungen streben nach einem Ziel, denn es giebt nur eine Vernunft. Deshalb ist auch kein so grofser Unterschied zwischen dem, was der Eine für gut, der Andere für schlecht, der Eine für schön, der Andere für häfslich hält. Gerade das erhöhte Interesse, welches Mannichfaltigkeit der Gedanken und Verschiedenartigkeit der Streitfragen hervorbringt, ist die erste Stufe zur Erkenntnis der Vernunft.

Mit dem lebhaften Bedürfnisse der heutigen Japaner, sich die abendländische Kultur zu erschliefsen, geht aber auch die Fähigkeit Hand in Hand, alle neuen Erscheinungen mit Verständnis in sich aufzunehmen und sie sich vollständig zu eigen zu machen. Es läfst sich schwer dabei feststellen, welche abendländischen Theorien auf den verschiedenen Gebieten für die japanischen Verhältnisse am geeignetsten sind. Jedenfalls ist es empfehlenswert, alles, was sich mit dem ureigensten Wesen des japanischen Volkes nicht verschmelzen läfst, durchaus zurückzuweisen und fernzuhalten. Vom theoretischen Standpunkte aus wird man vieles gelten lassen und anerkennen müssen, was der Japaner in der Praxis zurückweist, weil er es in seinem Lande aus irgend welchen socialen Rücksichten für undurchführbar hält, da er die Dinge vor allem vom patriotischen Standpunkt betrachtet. Dafür können wir schon aus der Manyōshū-Zeit verschiedene Beispiele anführen.

Als der Prinz Shōtoku (573—661), ein Litterat, der grofse Neigung zum Buddhismus zeigte, einst bei der Ermordung eines Kaisers davon sprach, dafs dieses Schicksalsbestimmung wäre, war man empört über diese Äufserung im Volke, welches diese Ansicht mit seiner moralischen Anschauung absolut nicht vereinigen konnte. Diese buddhistische Idee fand also keinen Boden in Japan.

So waren auch die Bestrebungen des Kaisers Shōmu, den Buddhismus in Japan allgemein einzuführen, völlig fruchtlos und hatten nur den negativen Erfolg, dafs die Staatskasse durch die Aufwendungen dafür völlig erschöpft wurde. In welchem Widerspruch standen ferner zu dem Wesen des japanischen Volkes die Anhänger des Lao-tse und Choan-tse, die Weib und Kind verliefsen, um als Einsiedler, fern von anderen, in den Bergen zu leben! Auch ihre Ideen fanden keinen Anklang.

Ein weiteres Beispiel sehen wir auch in der Beibehaltung des erblichen Kaisertums in Japan. Während dies zwar auch in China die Regel war, so gab es dort doch auch Ausnahmen in der Zeit vor Confucius. Da kam es nämlich bisweilen vor, dafs der Kaiser seinen Sohn in der Nachfolge einfach überging und einen seiner Minister, den er für besonders tüchtig hielt, zum Kaiser ernannte. In Japan wäre dies vollständig unmöglich gewesen, weil man zu zähe an den althergebrachten Sitten festhielt. So scheiterte denn auch der Versuch des Buddhisten Dōkyō, eines sehr ränkesüchtigen Mannes, auf den Thron zu kommen, an dem energischen Widerstande des japanesischen Volkes.

Aus all' den angeführten Beispielen können wir ein klares Bild über den Grundcharakter des japanischen Volkes gewinnen und wir werden zugeben müssen, dafs er auch heute noch derselbe ist. Damit hat man also unbedingt zu rechnen, wenn man heutzutage neue Ideen in Japan einführen will. Dagegen bin ich der Ansicht, dafs man an den Schattenseiten des japanischen Volkscharakters den verbessernden Einflüssen anderer Nationen gegenüber nicht festhalten sollte.

Wiewohl die heutige moderne Philosophie in Europa in ihren Theorien gegen das Altertum bedeutende Fortschritte gemacht hat, so wirft man doch die grofsen philosophischen Systeme der Griechen nicht einfach bei Seite, sondern läfst sie als wertvolle Errungenschaft des Geistes auch neben den neuen Anschauungen bestehen.

Wenn es im alten Japan keine erhabenen Ideen gegeben hätte, so wäre man allerdings heute nur auf fremde Einflüsse angewiesen, um den Geist des Volkes weiter auszubauen. Aber glücklicherweise waren wir nicht ein Volk, wie etwa heute die Polen, denen der Stützpunkt einer grofsen nationalen Vergangenheit abgeht; oder die Juden, denen die Vaterlandsliebe an sich ein fremder Begriff ist. Ich stehe deshalb auf dem Standpunkte, dafs ich sage: Mögen auch alle die 40 Millionen Bewohner des Landes die fremden Theorien auf dem Gebiete der Philosophie, Religion, Politik etc. u n v e r ä n d e r t gelten lassen wollen, ich bin ein Gegner dieses unveränderten Herübernehmens und mag nur das von fremden Einflüssen gelten lassen, was sich mit dem ursprünglichen Wesen des Japaners wirklich vereinigen läfst.

So oft ich die Geschichte der modernen Philosophie studiert habe, habe ich mich stets darüber gewundert, wie die Deutschen es verstanden, das enthusiastische, phantasievolle Denken der Franzosen mit dem besonnenen, vorsichtigen Kritizismus der Engländer zu vereinigen und völlig in ihr eigenes Wesen aufzunehmen. Dieselbe Gabe mufs ich auch den heutigen Japanern zugestehen, wie es sich denn überhaupt mehr und mehr herausstellen dürfte, dafs die Japaner ihrer ganzen Charakter- und Geistesanlage nach berufen sein werden, dereinst im fernen Osten eine ähnliche Stellung in wissenschaftlicher Beziehung auszufüllen, wie die Deutschen im Westen. Man soll also auch im heutigen Japan die Philosophie f r e m d e r Völker studieren, d. h. ebenso die des Abendlandes wie die des Orients, die deutsche sowohl als die französische und englische, sowie auch die buddhistische und confucianische Philosophie. Ebenso soll man es mit anderen Wissenschaften halten. Das wird dem japanischen Volke leichter fallen, als manchem anderen, denn man kann es wohl mit Recht mit den Bienen vergleichen, die von Zweig zu Zweig, von Blume zu Blume fliegen, um überall die besten und wohlschmeckendsten Säfte für sich zu köstlichem Honig zusammenzutragen. Jedenfalls sollen es die Japaner nicht wie die Ameisen machen, die nur fremde Dinge ohne Unterschied zusammentragen, ohne daraus ein edleres

Produkt herzustellen, oder wie die Spinnen, die ihre Netze nur aus sich selbst schaffen und nur solche Arbeit liefern, die jeder Windhauch davontragen kann.

Nach meiner Meinung soll man also nicht dem Synkretismus, d. h. einem Zusammentragen heterogener Gedanken ohne Kritik und Methode huldigen, sondern einen gesunden Eklektizismus walten lassen.

In dem letzten Kriege mit China 1893/94 hat sich das japanische Heer um das Ansehen des Landes grofse Verdienste erworben, indem es dem erstaunten Auslande plötzlich eine tüchtige Organisation offenbarte. Und dazu war das besiegte Land jenes, das nach Manyōshū-Zeit bereits als das civilisierteste galt und jedenfalls auf einer viel höheren Kulturstufe stand als Japan. Korea aber, das Land, welches diesem Kampfe seine jetzige Unabhängigkeit zu verdanken hat, ist dasselbe, von dem aus zur Manyōshū-Zeit die Kultur in den verschiedensten Formen nach Japan Eingang fand.

An sich können wir zwar stolz sein auf unsere Vorfahren in der Manyōshū-Zeit, aber doch nicht so, wie manche der anderen Völker auf die ihrigen.

Sehen wir uns einmal im folgenden das sonstige geistige Leben und Wirken der alten Japaner an. Gab es da so hervorragende Philosophen und Vertreter anderer Disziplinen, dafs deren Ruhm in aller Munde wäre?

China hatte die beiden berühmten Philosophen Lao-tse und Confucius, Indien seinen Buddha, während im Altertum Japan keinen Mann erzeugte, der diesen Geistesheroen an die Seite hätte gestellt werden können. Es müfste unser Sehnen sein, solche grofsen Männer wenigstens in Zukunft hervorzubringen.

Während meines Aufenthalts in Europa habe ich häufig Worte der Anerkennung gehört über die gute Sitte, die geschmackvolle Kunst, die reizvolle Landschaft, die schnelle Entwickelung von Handel und Industrie, kurz über die ansehnliche Kulturstufe, auf der Japan heute steht; dagegen bin ich noch keiner lobenden Äufserung darüber begegnet, dafs das heutige Japan schon auf dem Gebiete der Philosophie und Dichtkunst mit bedeutenden Schöpfungen aufwarten könne.

Es ist bekannt, dafs einige europäische Gelehrte schon vor langen Jahren die Gedichte oder Novellen von Hitomaro, Okura, Murasaki-shikibu (10. Jahrh.), Bakin (1767—1848) etc. in europäische Sprachen übertragen haben, ebenso weifs man, dafs sich einige japanische Romanschriftsteller und Dichter älterer Zeit schon durch grofse Gedankenfülle auszeichneten. Heute stehen die Leistungen dieser Art auf keiner besonderen Höhe. Während es die Japaner von heute verstanden haben, Europa und Amerika durch ihre militärischen Einrichtungen Respekt einzuflöfsen, mit ihrer Kunst zu imponieren und überall den Ruf der landschaftlichen Schönheit ihrer Heimat, die man nur als schönen Garten bezeichnen hört, zu verbreiten, führten die Denker Japans ein Traumleben, von welchem keine Kunde in die Welt hinausdrang.

Werdet ihr Denker und Dicher Japans, wie der Schmetterling des Choan-tse, den Weg zum Paradiese, zum Weltruhm finden?

Ein wichtiges Förderungsmittel aller Lebensverhältnisse ist heute die Konkurrenz. Sie hat es auch in Japan zu Wege gebracht, dafs man in vieler Beziehung mit europäischer Kultur in die Schranken treten kann, und auch dort ist kein Platz mehr für Menschen, die sich damit begnügen wollen, auf dem alten Standpunkte zu verharren oder gedankenlos fremde Arbeit nachzuahmen.

Ein Deutscher, der die japanische Litteratur kritisiert hat, sagte darüber: Jetzt hat sich Japan zwar zu einer ansehnlichen Stellung unter den Kuturländern emporgehoben, aber seine Litteratur ist zurückgeblieben. Sie ist zwar schon sehr alt und die Stoffe sind sehr reich, aber in der Weltlitteratur nimmt sie nur eine untergeordnete Stellung ein. Diese Kritik ist zwar sehr hart, aber gerecht und ich mufs sie von meinem Standpunkte aus gelten lassen, wenn ich mir auch sage, dafs man in Japan vielleit behaupten wird, die Kritik stamme von einem Fremden, der in den Geist der Litteratur nicht habe eindringen können.

Bis jetzt stammt die Bekanntschaft der anderen Kulturländer mit den japanischen Verhältnissen fast ausschliefslich von Fremden her. Das hat seine grofsen Bedenken. Einmal hängt damit eine Einseitigkeit der Beurteilung zusammen, indem die Ausländer stets vom Standpunkt ihrer eigenen Civilisation aus urteilen. Ferner ist nicht zu verkennen, dafs es für jeden Fremden auch besondere Schwierigkeiten hat, in das japanische Wesen einzudringen und gerechte Kritik zu üben. Ich bin deshalb den Europäern etc. für die Erforschung der japanischen Kultur sehr dankbar, doch nur insoweit, als sie wirklich richtige und mafsgebende Vorstellungen darüber verbreiten. Jedenfalls ist es sehr zu empfehlen, dafs sich die Japaner selbst darum bemühen, das Ausland mit ihren nationalen und kulturellen Eigentümlichkeiten bekannt zu machen. Sie werden dann manche irrige Ansicht zerstören und nur zur Erhöhung ihres Ansehens in der Welt beitragen können.

Vor etwa 18 Jahren, als die europäischen und amerikanischen, speciell aber die englischen Ideen nach Japan kamen, wurden von Japanern viele Anstrengungen gemacht, die Religion auf dem Boden des Christentums zu reformieren, gleichzeitig war man auch bestrebt, auf anderen Gebieten die fremden Einflüsse zur Geltung zu bringen. Man suchte, wie in Amerika, die Gleichberechtigung der Geschlechter herbeizuführen, und man sah auch bereits, dafs einige Frauen die phantasie- und geschmackvolle Nationaltracht mit der nüchternen Mode des Auslandes vertauschten, sowie dafs sie ihr Haar nach europäischer Sitte zu tragen begannen. Auch die Litteratur wurde davon stark beeinflufst und namentlich dominierte die englische. Man las jetzt viel Chaucer, Shakespeare, Milton, Addison, Raleigh, Swift, Hume, Gray, Macaulay, H. Spencer etc., und zwar im ganzen Lande, in Dorf und Stadt, während man die Lektüre der japanischen Autoren fast ganz vernachlässigte. Mäuse und Würmer zerfrafsen die japanischen Bücher!

Wie ich schon früher andeutete, war dies nur ein Übergangsstadium, aus dem man nach etwa 10 Jahren wieder zur Erforschung der eigenen sowie der anderen orientalischen Litteratur zurückkehrte. Das Volk fand eben instinktiv den rechten Weg zu sich selbst zurück.

Ähnlich war es schon zur Manyōshū-Zeit, wo es auch einen grofsen Teil des Volkes gab, der trotz der vielen fremden Einflüsse an der eigenen Nationalität festhielt. Man ergötzte sich auch weiter an den alten Gedichten und den alten Melodien[1]. Im Manyōshū fand ich den interessanten Bericht, dafs damals ein namhafter Dichter lange Zeit in China geweilt hatte, um dort Sprachstudien zu machen. Als er dann wieder nach Japan zurückgekehrt war und eines Tages im Kreise anderer Dichter weilte, bat man ihn, ein japanisches Gedicht zu verfassen. Da stellte sich nun heraus, dafs er das nicht mehr konnte, weil er die japanische Sprache fast ganz vergessen hatte. Dafür suchte man ihn in scherzhafter Weise dadurch zu strafen, dafs man als Bufse eine kostbare Perle von ihm verlangte.

Während wir zur Manyōshū-Zeit nur China und Korea als Freund oder Feind hatten, stehen wir jetzt mit einer grofsen Anzahl von Völkern im Verkehr. Daher ist es auch geboten, dafs wir jetzt unsere Nationalität ganz besonders pflegen und betonen, wenn sie sich nicht völlig verwischen soll.

In dem Mafse als die japanische Litteratur ein Spiegel der nationalen Eigentümlichkeiten ist, soll man darauf bedacht sein, die alte Litteratur zu erhalten, weiter auszubilden und auf die Nachwelt zu übertragen. Aber auch dafür müssen wir sorgen, dafs sie in fremden Ländern bekannt und gewürdigt werde.

Man mufs die schöne Litteratur als Ausflufs der menschlichen Empfindungen und Gefühle betrachten. Da diese nur bei allen civilisierten Völkern auf derselben Grundlage ruhen, so wird man auch zugeben müssen, dafs jedes Volk mehr oder weniger die schöne Litteratur eines anderen versteht und

---
[1] Bd. VI S. 173.

würdigen kann. Es wird also auch alles, was auf dem Gebiete der japanischen schönen Litteratur Wertvolles und Großes geschaffen worden ist, nicht nur in Japan anerkannt und verbreitet werden, sondern naturgemäß auch in der ganzen civilisierten Welt Boden finden, und zwar nicht nur bei den Zeitgenossen, sondern auch bei der Nachwelt. Das ist es auch, was die Wirkungen der schönen Litteratur so viel höher stellt, als alle Erfolge, die ein Volk durch kriegerische Heldenthaten erringt. Während hier nur der Sieger das Gefühl der Beglückung hat, schafft die schöne Litteratur, wo sie siegreichen Einzug hält, allen Teilen die kostbarsten Genüsse; dem Verfasser, sowie dem Leser oder Hörer.

Der Ursprung aller Kämpfe zwischen Völkern und Einzelnen untereinander ist mehr in ihrem Fühlen und Empfinden, als in ihrem Denken und Wollen zu suchen. Die schöne Litteratur hat nun, wie wir bereits gesehen haben, ihren Ursprung im Fühlen und Empfinden eines Volkes, es werden sich also Gegensätze der Völker gewiß nicht wenig dadurch ausgleichen lassen, daß sich das eine mit der Litteratur des anderen Volkes bekannt macht und seine Eigenart daraus begreifen und anerkennen lernt. Das müßte mit der Zeit dem Ziele einer idealen Welt näher führen, einer Welt, aus der jeder politische Realismus und jeder nüchterne Utilismus verbannt würden, um den idealen Anschauungen des Volkes Platz zu machen, wie sie in der aus dem Herzen ihrer Dichter geborenen schönen Litteratur, gleich einer frohen Botschaft weltumfassender Liebe und Brüderlichkeit zum Ausdruck kommen. In einem Lande besonders, aus welchem, wie der Name Nippon ausdrückt, die Sonne heraufsteigt, soll sich das Volk zu den strahlendsten Schöpfungen der Litteratur begeistert fühlen, um der Sonne, dem Sinnbilde ihres Landes, nachzueifern.

XII.

Schluß.

In den früheren Kapiteln habe ich mich bemüht, die Thatsachen klar und einfach zusammenzustellen. Um Irrtümer zu vermeiden, habe ich niemals meiner Phantasie Spielraum gewährt, mich nie auf Kombinationen eingelassen.

Die bisher von mir citierten Gedichte habe ich nicht wegen ihres dichterischen Wertes angeführt, sondern hauptsächlich um die philosophischen, religiösen, kulturhistorischen u. s. w. Studien in der Manyōshū-Zeit deutlich zu machen. Ich habe diejenigen Stoffe herausgezogen, die ein Spiegelbild der damaligen Zeit liefern.

Verschiedene Schriftsteller haben den poetischen Wert

des Werkes zu erforschen gesucht, deshalb kam es mir jetzt darauf an, die oben angedeuteten Gesichtspunkte daraus zu gewinnen.

Diese Abhandlung soll nur ein Überblick über das Manyōshū sein; die erste Sonde, welche ich daran lege; sie bildet gleichzeitig den Vorläufer einer eingehenden Abhandlung über den grofsen Wert des Werkes. Zu dieser Arbeit habe ich schon die unten näher bezeichneten Gesichtspunkte festgestellt und den Stoff vorbereitet:

1. Die ästhetischen Ideen der Dichter.
2. Die lyrischen Empfindungen der Dichterinnen.
3. Die Form der Gedichte.
4. Das Naturreich im Manyōshū.
5. Biographien der Dichter.
6. Die unbekannten Dichter.
7. Der Einflufs der alten chinesischen Litteratur auf die Dichter.
8. Manyōshū-Wörterbuch.
9. Vergleichung der ostjapanischen Sprache mit der westjapanischen.
10. Philologische und poetische Vergleichung des Manyōshū mit dem Kokinshū.
11. Die Kritiker des Manyōshū.

Um dies zu vollbringen, bedarf es sicher längerer Zeit eingehenden und fleifsigen Studiums meinerseits, an welchem ich es, aus Liebe zur Sache, nicht fehlen lassen werde.

Es liegt nicht im Plane der Natur, fehlerfreie Menschen zu erzeugen. So werden sich auch in meine Arbeit voraussichtlich Irrtümer eingeschlichen haben. Doch hoffe ich, dafs die Leser Nachsicht üben werden.

Meine Abhandlung ist, ich möchte sagen, eine kritische Beleuchtung aller Kommentare bezw. Kritiken, in welcher ich mein eigenes Urteil zum Ausdruck brachte. Dankbaren Herzens gegen Dichter und Kritiker, habe ich mich in den mir so lieben Stoff versenkt, dessen Bearbeitung mich mit besonderer Genugthuung erfüllte.

Printed by Libri Plureos GmbH
in Hamburg, Germany